시장에 간 홍길동, 경제의 역사를 배우다

가자! 역사 속으로 ❶
시장에 간 홍길동, 경제의 역사를 배우다

개정판 1쇄 발행일 2007년 1월 10일 | **개정판 7쇄 발행일** 2011년 9월 20일
글 이명애 | **그림** 안창숙
펴낸곳 파란자전거 | **펴낸이** 이영선 | **등록번호** 제406-2005-000048호 | **등록일** 1999년 9월 17일
주소 경기도 파주시 교하읍 문발리 파주출판도시 498-7 | **전화** 031)955-7470 | **팩스** 031)955-7469
이사 강영선 | **주간** 김선정 | **편집장** 김문정 | **편집** 임경훈 허승 김종훈 김경란 정지원
디자인 오성희 당승근 안희정 | **마케팅** 김일신 이호석 이주리 | **관리** 박정래 손미경
홈페이지 www.paja.co.kr | **이메일** booksea21@hanmail.net

ⓒ 이명애·파란자전거, 2006
ISBN 978-89-89192-60-2 73910

이 도서의 국립중앙도서관 출판시도서목록(CIP)은 e-CIP 홈페이지(http://www.nl.go.kr/ecip)와 국가자료공동목록시스템
(http://www.nl.go.kr/kolisnet)에서 이용하실 수 있습니다.(CIP제어번호: CIP2011003699)

파란자전거는 도서출판 서해문집의 어린이책 브랜드입니다. 페달을 밟아야 똑바로 나아가는 자전거처럼
파란자전거는 어린이와 청소년이 혼자 힘으로도 바르게 설 수 있도록 도와줍니다.

시장에 간 홍길동, 경제의 역사를 배우다

가자! 역사속으로!

이명애 글 | 안창숙 그림

파란자전거

글쓴이의 말

우리 친구들은 역사를 좋아하나요? 경제는 어때요? 그럼 역사와 경제가 만나면 어때요?

아마 고개를 설레설레 흔드는 친구들이 많을 거예요.

이 책을 쓰는 동안 고민했어요. 어떤 이야기를 어떻게 쓰면 어린이들이 역사와 경제 속으로 쏙 빠져 들게 될까, 어떻게 하면 친구들의 상상력과 흥미를 불러일으킬 수 있을까 곰곰이 생각했답니다.

'옳지, 시장에 가자. 활기 넘치고 풍요로운 시장의 역사로 들어가서 선사 시대부터 현대까지의 경제 발달 과정을 보여 주자. 가상 체험을 통해 역사 속 시장을 속속들이 알아보는 거야!'

여러분은 이 책을 읽는 동안 상상을 즐기며 시장의 역사도 알 수 있어요. 이 이야기에는 여러분 또래인 길동이가 등장합니다. 개구쟁이고, 정이 많고, 실수투성이지만 밝은 길동이. 길동이는 바로 여러분 자신의 캐릭터입니다. 이 책을 펴는 순간 여러분은 길동이가 되어 함께 역사 속 시장으로 여행을 떠날 거예요.

엉뚱한 개구쟁이 길동이는 엄마 생신 선물을 구하기 위해서 시장의 역사 체험 프로그램에 참가합니다. 가상 체험관은 선사·삼국·고려·조선·근대·현대로 나뉘어져 있으며, 각 시대별로 경제에 관한 두세 개 암호가 주어집니다.

체험은 길동이가 입체 안경을 쓰면서 시작합니다. 가상공간으로 빨려 들어가면서 길동이의 모험이 시작되는 거지요. 길동이가 정확한 암호를 찾을 경우 다음 단계로 이동할 수 있고, 모든 체험을 마치면 길동이는 상품 쿠폰을 받게 됩니다.

친구들은 길동이가 되어 재미있는 이야기를 읽으면서 자연스럽게 시장의 역사를 배울 수 있습니다. 그리고 옛날 돈은 무엇인지, 시장은 어떻게 생겨났는지, 코리아는 언제 붙여진 이름인지, 화려한 백화점은 언제 처음 등장했는지 등, 우리나라 경제의 역사를 잘 알게 될 것입니다.

자, 과연 길동이는 가상 시장 체험을 마치고 상품을 받게 될까요? 지금부터 우리 함께 출발해 보아요!

차례

글쓴이의 말 • 4

좌충우돌 길동이 • 8

제1관 선사 시대관
12

제2관 삼국 시대관
22

제3관 고려 시대관
34

좌충우돌 길동이

'휴우, 큰일이다. 이 꼬리표를 엄마한테 어떻게 보여 드리지?'

길동이는 중간고사 시험 점수가 적힌 꼬리표를 잡고 입바람으로 불었다. 한숨을 푹 내쉬며 하늘을 보니 햇살이 눈부시다. '걱정은 나중에 하고 인라인이나 타러 가자.' 길동이는 집으로 달려가자마자 현관문을 열고 가방을 던졌다.

"어! 엄마, 그거 MP3 맞죠?"

"그래. 홈쇼핑에서 할인행사 하길래 큰맘 먹고 하나 샀다."

"역시 우리 엄마는 신세대 멋쟁이라니까!"

여러 가지 부품을 펼쳐 놓고 설명서를 한 페이지씩 읽고 있는 엄마를 보니 길동이는 답답했다.

"이리 줘 보세요. 내가 해 볼 테니까."

"아휴, 난 뭐가 뭔지 모르겠다. 함부로 만지다가 고장 나니까 먼저 설명서를 잘 읽어라."

"제가 누굽니까? 엄마 아들, 천재잖아요."

길동이는 건전지를 끼우고 버튼을 꾹꾹 눌렀다. 그러자 초록 불이 켜지면서 영어로 된 자막이 떴다.

"오케이!"

길동이가 메뉴를 이동하려고 볼록 튀어나온 버튼을 꾹 눌렀지만 화면은 그대로였다. 그런데 버튼을 옆으로 쭉 밀었더니 "뚝" 소리가 나고 말았다. 설명서를 열심히 읽고 있던 엄마 눈이 동그래졌다. 길동이는 얼른 일어나 인라인 스케이트를 챙겼다.

"엄마, 저 인라인 타고 올게요. 그리고 가방 안에 성적 꼬리표 있어요."

내빼는 길동이 뒤에서 엄마의 날카로운 목소리가 현관문 닫히는 소리에 묻혔다. 길동이는 겁이 났다. 엉망인 성적표에 MP3까지 망가뜨렸으니 큰일이다.

"아휴, 나도 모르겠다."

길동이는 아파트 입구에서 인라인 스케이트를 단단히 신고 바퀴를 바닥에 쿵쿵 굴린 후 앞으로 쭉쭉 밀었다. 시원한 바람이 얼굴을 간지럽히고, 머리카락을 날렸다. 마치 날아가는 기분이 들었다.

'역시 인라인 스케이트는 나의 멋진 친구라니까. 혼날 때 혼나더라도 지금은 놀고 보자.'

공원에 도착한 길동이는 멋진 폼으로 빙그르르 한 바퀴 돈 다음 정지했다. 옆에서 비틀거리며 타고 있던 꼬맹이들이 부러운 눈으로 쳐다보았다. 으쓱해진 길동이는 물결 타기, 일자형 타기 등 갖은 묘기를 부렸다.

해가 지기 시작하자 길동이 마음에도 어둠이 찾아들었다.

'어떻게 집에 들어가지? 엄마가 회초리를 들고 기다리시는 건 아닐까?'

어깨가 축 늘어졌다. 엘리베이터에서 내린 길동이는 살금살금 발소리를 죽이며 현관문을 열었다. 고소한 밥 냄새와 생선 굽는 냄새에 시장기가 확 느껴졌다. 현관 앞에서 머뭇거리고 있는데 착 가라앉은 엄마 목소리가 들려왔다.

"씻고 와서 밥부터 먹어라."

들어서자마자 엄마의 꾸중이 쏟아질 거라 예상했는데 엄마는 고요하다. 엄마의 침묵이 더 무섭다. 샤워기에서 떨어지는 물소리가 폭포 소리 같고, 침 삼키는 소리까지 크게 들린다.

길동이는 조심스레 식탁에 앉아 밥을 먹었다. 눈치도 없이 밥맛은 왜 이리 좋은지…… 그렇지만 차마 더 달라고 할 수도 없었다.

"길동아, 다 먹었으면 이야기 좀 하자. 항상 덜렁대는 너에게 잔소리하고 화내는 것도 이젠 지쳤다. 제발 너를 칭찬하며 웃을 일이 있었으면 좋겠어."

방으로 들어와 책상 앞에 앉은 길동이는 슬프기도 하고 한심하기도 해서 머리를 쿵쿵 쥐어박았다.

'왜 나는 만날 이 모양일까?'

다음 시험에는 열심히 공부해서 엄마를 기쁘게 해 드려야겠다는 생각에 달력을 보니 17일에 '엄마 생신'이라고 적혀 있었다.

"그래, 엄마 생신 때 근사한 선물을 하는 거야."

길동이는 무슨 선물을 사야 할지 고민하다가 컴퓨터

를 켜고 여기저기 사이트를 검색했다. 그런데 어느 순간 '가상 체험, 시장의 역사'라는 팝업창이 떴다.

"가상 체험으로 역사도 배우고 상품도 받으세요!"

가상 역사 체험이란 말에 길동이는 호기심이 발동했다. 암호를 찾아내어 마지막 전시관까지 통과하면 무엇이든 살 수 있는 사이버쿠폰을 준다는 것이다. 길동이는 다른 건 몰라도 역사라면 자신 있었다.

"이거야! 하늘은 스스로 돕는 자를 돕는다더니. 역시 하늘은 내 편이야!"

길동이는 인터넷으로 가상 역사 체험에 참가 신청서를 접수했다.

일요일 아침, 햇살은 눈부시고 어디선가 꽃내음이 날아온다. 길동이는 '가상 역사 체험관'에 가는 길을 인터넷에서 찾아 인쇄했다. 지하철을 타고 가상 역사 체험관에 갔더니 벌써 아이들이 여럿 와 있었다. 매표소에서 입장권을 사자, 가상 역사 체험관을 안내하는 책자를 나눠 주었다.

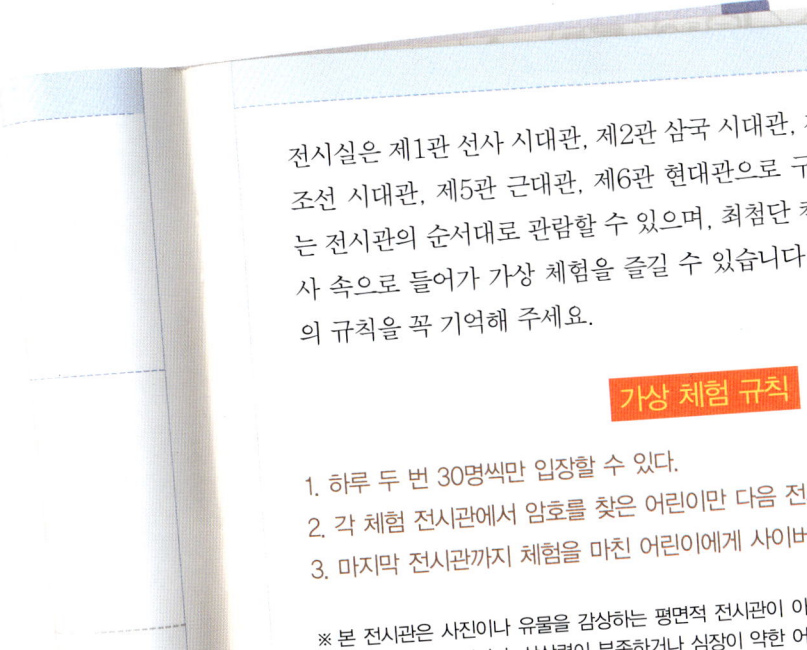

전시실은 제1관 선사 시대관, 제2관 삼국 시대관, 제3관 고려 시대관, 제4관 조선 시대관, 제5관 근대관, 제6관 현대관으로 구성되어 있습니다. 관람자는 전시관의 순서대로 관람할 수 있으며, 최첨단 컴퓨터 기술을 활용하여 역사 속으로 들어가 가상 체험을 즐길 수 있습니다. 그리고, 관람자들은 아래의 규칙을 꼭 기억해 주세요.

가상 체험 규칙

1. 하루 두 번 30명씩만 입장할 수 있다.
2. 각 체험 전시관에서 암호를 찾은 어린이만 다음 전시관으로 갈 수 있다.
3. 마지막 전시관까지 체험을 마친 어린이에게 사이버 상품 쿠폰을 준다.

※ 본 전시관은 사진이나 유물을 감상하는 평면적 전시관이 아닙니다. 여러분은 현실과 다른 세상으로 모험을 떠나게 됩니다. 상상력이 부족하거나 심장이 약한 어린이들은 관람을 삼가 주시기 바랍니다.

첫 번째 체험관인 제1관 앞에는 길동이 또래의 아이들 30여 명이 두세 명씩 짝 지어 이야기를 나누고 있었다. 길동이는 갑자기 외톨이가 된 느낌이었다. 친구랑 같이 왔으면 좋았을 거라는 아쉬움이 생겼다.

그 때 예쁜 도우미 누나가 또각또각 구두 소리를 내며 걸어오더니 벽에 붙어 있는 사각 버튼을 눌렀다. 태극 모양이 그려진 문이 가운데 물결무늬를 따라 위아래로 스르르 열렸다.

아이들은 벽화가 그려진 통로를 따라 들어갔다. 벽에는 동물과 돌칼과 토기 등이 그려져 있었다. 통로 끝에는 넓은 방에 원뿔 모양의 움집이 있었다. 움집 한가운데 화톳불이 있고, 주위를 빙 둘러 나무 의자들이 놓여 있었다. 길동이는 휘둥그레진 눈으로 자신의 번호가 붙은 의자를 찾기 위해 두리번거렸다.

"으악! 이게 뭐야?"

길동이가 뭔가에 걸려 넘어지면서 놀라서 소리를 지르자, 아이들이 쳐다보며 낄낄 웃었다. 길동이는 실내가 어두운 덕분에 빨개진 얼굴을 감출 수 있어 다행이라고 생각했다. 의자 위에 이상한 안경이 하나씩 놓여 있었다. 끈이 달린 검은 사각 안경이었다.

잠시 후, 화톳불의 불길이 타오르더니 어디선가 목소리가 흘러나왔다. "가상 체험에 참여하신 어린이 여러분 반갑습니다. 이곳은 선사 시대관입니다. 지금부터 여러분은 신기한 가상 체험을 하게 될 것입니다. 여러분은 곧 선사 시대로 떠나게 되며, 현실 세계로 돌아올 때는 암호가 필요합니다. 암호는 여러분이 직접 찾아야만 합니다. 암호 단서는 '화폐'입니다. 즐거운 선사 시대 여행이 되길 바랍니다. 자, 이제 옆에 있는 안경을 써 주세요."

길동이는 망설이다가 조심스럽게 안경을 썼다. 붉은 불빛이 사라지고 깜깜해졌다. 그런데 갑자기 눈앞이 밝아지더니 동굴 같은 터널이 나타났다. 몸이 붕 뜨는 것 같더니 아주 빠른 속도로 동굴 벽이 뒤로 물러나고 몸이 쑥 빨려 들어갔다.

정신을 차리고 보니 나무가 우거진 숲 속이었다. 당황스러울 때 하던 습관대로 길동이는 양쪽 바지 주머니에 손을 찔러 넣다가 깜짝 놀랐다. 엄마를 졸라서 사 입은 멋쟁이 카고 바지와 후드 셔츠는 어디로 가고, 동물 가죽으로 만든 이상한 옷을 걸치고 있었기 때문이다. 말이 옷이지 거의 알몸이나 다를 바 없었다. 길동이는 창피해서 몸을 배배 꼬았다.

그 때 옆에서 서성대는 사람들이 눈에 띄었다. 손에 창과 활을 든 여러 명의 남자들과 길동이 또래의 아이들 몇 명이 조심스럽게 사방을 두리번거리고 있었다.

'사냥을 하는 모양인데 왜 나를 보고 놀라지 않을까? 와, 이거 신기하고 재밌을 것 같은 예감이 팍 꽂히는데!'

"너, 뭘 꾸물거리고 있어?"

털북숭이 남자가 길동이를 보고 소리쳤다. 길동이는 얼른 정신을 차리고 무리를 따라갔다. 한참 동안 숲 속을 헤매고 다녔지만 짐승이 눈에 띄지 않았다. 그 때 한 남자가 손가락으로 어딘가를 가리켰다. 저쪽에서 까만 물체가 움직이는 게 보였다. 길동이는 어떤 짐승인지 궁금해서 그리로 뛰어갔다. 인기척을 느낀 멧돼지가 갑자기 길동이를 향해 빠르게 달려들었다. 씩씩거리며 달려드는 멧돼지를 보고 너무 놀란 길동이는 뒤돌아 도망치기 시작했다.

"아악! 살려 주세요!"

그 순간 돌화살이 날아와 멧돼지 머리에 푹 박혔다. 멧돼지는 콧김을 내뿜으며 날뛰다가 독이 퍼지자 부르르 떨더니 쓰러졌다. 길동이는 너무나 놀라서 다리가 후들후들 떨렸다. 길동이는 휴우, 한숨을 내쉬며 감았던 눈을 떴다. 그런데 이게 웬일인가? 눈앞에 또 멧돼지가 있는 게 아닌가? 벌떡 일어나 걸음아 날 살려라 도망치다가 문득 이상한 기분이 들어 뒤돌아보았다.

"자라 보고 놀란 가슴 솥뚜껑 보고 놀란다더니……."

쓰러진 어미 곁에서 새끼 멧돼지가 낑낑대고 있었다.

"이 새끼 멧돼지는 끌고 가자."

사냥을 나갔던 일행들은 멧돼지를 잡아서 의기양양하게 집으로 돌아왔다. 오랜만에 큰 수확을 거둔 마을은 온통 축제 분위기였다. 모두 모여서 고기를 불에 익혀 맛있게 먹었다.

배가 부르자 잠이 쏟아졌다. 깊은 잠에 빠진 길동이는 데려온 멧돼지가 자라서 새끼를 많이 낳는 꿈을 꾸었다.

다음 날 아침, 길동이는 강으로 물고기를 잡으러 가는 어른들을 따라나섰다. 어른들 몇 명이 날카롭게 깎아 만든 작살을 들고 물에 들어갔다.
조용히 서 있다가 물고기가 오면 재빨리
작살을 꽂아서 잡는데 백발백중이었다.

길동이는 어른들의 민첩한 행동에 감탄했다. 다른 쪽에선 그물을 치고 아이들이 나뭇가지로 물을 쳐서 물고기를 몰았다. 길동이는 신나서 물 속을 첨벙첨벙 뛰어다녔다.

그런데 해가 하늘 가운데 떠오를 무렵, 강가에 사람들이 모여들기 시작했다. 길동이는 어제 함께 사냥을 해서 낯이 익은 아이에게 물었다.

"저기 무슨 일이 있는 거야?"

"필요한 물건으로 서로 바꾸려는 거야."

호기심의 왕인 길동이는 당장 달려가고 싶었지만, 가진 물건이 없어서 안절부절못했다. 그러자 그 아이가 조금 전에 잡은 싱싱한 물고기를 나눠 주었다.

집에서 짐승을 기르기 시작해요.

돌도끼를 이용해 사냥을 하던 구석기인들은 사냥감 가까이 가다가 종종 동물들을 놓쳤고, 때로는 도리어 동물의 공격을 받아 다치거나 죽기도 했어요. 그런데 신석기인들은 사냥할 때 활을 이용해서 먼 거리에서도 짐승을 잡을 수 있었어요. 또한 개를 이용해서 사냥감을 더 쉽게 찾을 수 있게 되었답니다.

신석기인들은 사냥을 나갔다가 잡아 온 짐승의 새끼를 기르기도 했어요. 새끼를 키워서 잡아먹으면 고기 양이 많아져서 이익이었거든요. 게다가 고기가 오래 되어도 썩을 염려가 없고, 필요할 때 먹을 수 있어서 좋았어요.

'석기 시대 아이들은 정말 착하구나.'

길동이는 신이 나서 물고기를 들고 달려갔다. 어느 새 강가 모래톱은 사람들로 북적이기 시작했다. 곡물을 가지고 온 사람, 동물 가죽을 가지고 나온 사람, 장식품을 가지고 나온 사람, 열매를 들고 나온 사람도 있었다. 길동이는 한 아주머니가 가지고 있는 목걸이가 아주 마음에 들었다. 짐승 뼈와 조개껍데기를 둥글고 길게 이어서 만든 목걸이였다.

"아주머니, 목걸이랑 이 물고기랑 바꿔요."

"좋아. 이 목걸이를 걸면 아주 근사할 거다."

길동이는 목걸이를 걸었다. 마치 마술 목걸이라도 얻은 것 같아서 기분이 매우 좋았다. 만화 영화에서처럼 멋지게 변신하고 싶었다. 진짜 용감하고 똑똑한 추장이 되어 무슨 일이든 척척 해결할 수 있으면 얼마나 좋을까. 길동이는 만화 주인공처럼 눈을 꼭 감고 주문을 외웠다.

"나는 태양의 빛 추장이다. 삐깨또 뽀깨또 꼬비!"

하지만 변한 것은 아무것도 없었다.

길동이는 이제 현실 세계로 돌아가고 싶었다. 그러나 선사 시대의 화폐가 뭔지, 암호를 아직 풀지 못했으니 이러다 탈락하는 게 아닌가 걱정이 되기 시작했다.

그 날 저녁이었다. 물물교환을 끝낸 부족 사람들이 모여서 회의를 열었다.

"물건을 들고 가서 바꾸는 게 불편해요."

"맞습니다. 게다가 약속한 날짜까지 기다리다 보면 더운 여름엔 생선이나 야채가 썩고 말아요. 짐을 들고 가기도 무겁고요."

말이 끝나기가 무섭게 또 다른 사람이 나섰다.

"물건도 종류며 크기가 워낙 달라서 공평하게 바꾸기가 어렵습니다."

"맞아요, 맞아!"

부족 사람들은 좋은 방법이 없을까 궁리했다. 그 때 길동이와 친해진 또래 아이가 망설이면서 말을 꺼냈다.

"촌장님, 조개껍데기나 돌을 받고 물건을 주면 어떨까요?"

젊은 청년이 곧장 나섰다.

"말도 안 됩니다. 어떻게 조개니 돌 따위와 식량을 바꿀 수 있습니까?"

아이는 기가 팍 꺾여서 고개를 떨궜다. 그 때 길동이가 나섰다.

보너스
가죽 옷을 멋지게 만들어 입어요.

구석기 시대에는 짐승 가죽을 그대로 걸치고 다녔지만, 신석기 시대 사람들은 더 다양한 재료의 옷감으로 멋진 옷을 만들어 입고 다녔어요. 그들은 식물에서 뽑아낸 실로 옷감을 만들기도 했고, 질긴 짐승 가죽을 떡갈나무나 버드나무 껍질을 우린 물에 담가 두거나 동물의 지방 등으로 문질러서 부드러운 옷감으로 만들기도 했어요. 그리고 동물 뼈를 뾰족하게 갈아 만든 바늘을 이용해 멋지게 옷을 만들어 입었답니다.

"그러니까 약속을 정하면 되잖아요. 내가 아저씨에게 조개껍데기를 주고 물고기를 받고, 아저씨는 그 조개껍데기로 다른 사람에게 식량을 받으면 되잖아요."

촌장은 곰곰이 생각하더니 고개를 끄덕였다.

"아이들의 말이 옳소. 서로 약속을 정하면 될 것이오."

길동이는 미소를 지었다. 드디어 현실로 돌아갈 수 있는 암호를 찾은 것이다. 길동이는 자신만만한 목소리로 외쳤다.

"선사 시대 화폐는 조개껍데기!"

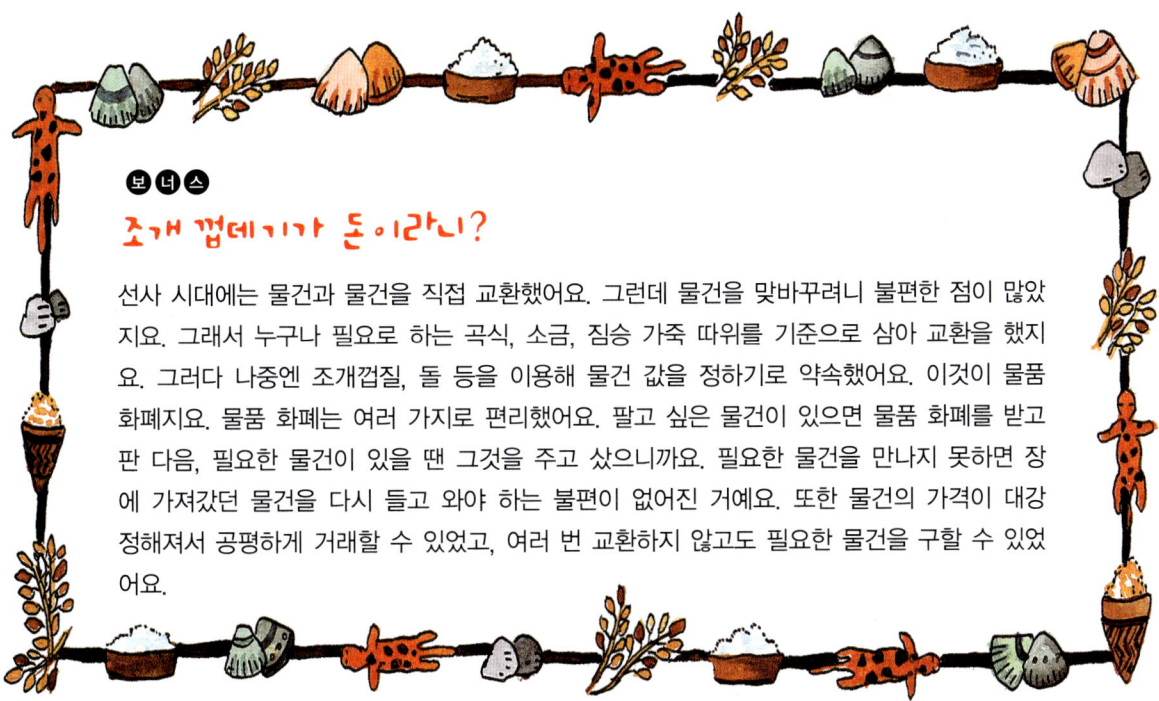

보너스

조개껍데기가 돈이라니?

선사 시대에는 물건과 물건을 직접 교환했어요. 그런데 물건을 맞바꾸려니 불편한 점이 많았지요. 그래서 누구나 필요로 하는 곡식, 소금, 짐승 가죽 따위를 기준으로 삼아 교환을 했지요. 그러다 나중엔 조개껍질, 돌 등을 이용해 물건 값을 정하기로 약속했어요. 이것이 물품 화폐지요. 물품 화폐는 여러 가지로 편리했어요. 팔고 싶은 물건이 있으면 물품 화폐를 받고 판 다음, 필요한 물건이 있을 땐 그것을 주고 샀으니까요. 필요한 물건을 만나지 못하면 장에 가져갔던 물건을 다시 들고 와야 하는 불편이 없어진 거예요. 또한 물건의 가격이 대강 정해져서 공평하게 거래할 수 있었고, 여러 번 교환하지 않고도 필요한 물건을 구할 수 있었어요.

길동이는 어느 새 제1관으로 돌아와 있었다. 불이 켜지자 안내 방송이 흘러나왔다.

"선사 시대 여행을 무사히 마치고 돌아온 어린이 여러분 축하합니다. 암호를 찾은 어린이들은 제2관 삼국 시대관으로 갈 자격을 얻었으므로 다음 장소로 이동해 주시기 바랍니다. 암호를 찾아내지 못한 어린이들은 아쉽지만 옆문으로 나가 주세요."

우리나라 최초의 국가 고조선의 경제 생활

●●● 고조선이 무역을 했다고요?

한반도 남쪽에선 중국 한나라의 거울이나 청동 세발솥, 기와를 비롯해 중국 화폐인 화천과 오수전이 발견되었습니다. 이는 고대 중국과 고조선 사람들이 서로 오가며 무역을 했다는 증거입니다. 남해안 지역에서는 고대 일본 야요이 시대(기원전200~기원후300년에 존재한 일본의 선사 문화)의 질그릇이나 일본식 청동 투겁창이 나오는데 이는 일본과도 교류했다는 증거입니다.

그런데 고조선 사람들은 다른 나라와 교역을 할 때 물건 값을 무엇으로 치루었을까요? 문헌의 기록이나 유물이 발견되지 않아서 고조선에서 사용한 화폐가 무엇인지 정확하게는 알 수 없답니다. 다만 화폐로 사용했던 보배조개와 중국 연나라에서 사용하던 명도전이 고조선 영토에서 출토된 점으로 보아, 중국과 무역을 할 때는 명도전 같은 중국 화폐로 거래했을 것으로 추측됩니다.

일본 야요이 시대 토기와 동검

중국 연나라와 제나라의 청동 화폐로, 중국과 한반도의 북부 지역에서 교역 수단으로 사용했던 명도전.

명도전

한반도 동남쪽에서는 고대 일본의 질그릇, 일본식 청동 투겁창 등이 발견되었어요.

한반도 남쪽에서는 한나라의 거울을 비롯, 화천과 옛날 중국 동전 등이 발견되었어요.

화천

옛날 중국 동전

역사책에는 기원전 2333년에 단군왕검이 최초의 나라인 고조선을 세웠다고 전합니다. 고조선이 활동하던 시기는 청동기가 발달하고, 국가가 등장하던 때였습니다. 농업이 크게 발전하고 생활에 여유가 생기면서 농기구나 장신구 등을 전문적으로 만드는 수공업자도 나타났어요. 이렇듯 경제가 발달하자 잘사는 사람과 못사는 사람 사이의 차이와 갈등도 커졌습니다. 국가는 이런 갈등과 다툼을 해결하기 위해 법을 만들었습니다.

보너스

●●● 고조선 사회에도 법이 있었대요.

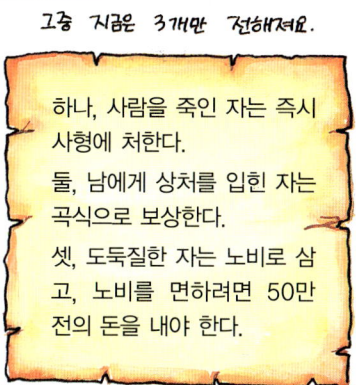

고조선 시대에는 잘사는 사람도 못사는 사람도 없이 모두 평등했을까요?
그렇지 않았습니다. 지배자들은 백성을 다스리기 위해 8개 조항으로 된 법을 만들었어요. 이것을 '8조 범금'이라고 하는데 지금은 3가지 조항만 전해지고 있답니다. 남아 있는 조항들을 보면 고조선이 신분 사회였다는 걸 짐작할 수 있지요. 특히 가진 것이 많은 지배층들은 자신들의 재산을 보호하기 위해, 가난한 이들에겐 매우 불리한 법을 만들었습니다. 또 고조선에는 자유도 없이 남을 위해 일해야 하는 노비도 있었어요. 고대에는 남의 물건을 훔친 도둑은 아주 엄히 다스렸는데, 이들을 노비로 삼는 건 예사였지요. 그뿐 아니라, 도둑질한 사람이 50만 냥이나 되는 거금을 구해 설령 돈을 물어내도 결혼도 못할 만큼 두고두고 따돌림을 당했습니다.

제1관을 나서자 황금색 문이 앞을 가로막았다. 길동이는 다음 가상 체험을 기대하며 그 앞에 섰다. 아이들의 숫자를 눈으로 대충 세어 보니 스무 명이 좀 넘었다. 과연 누가 마지막까지 남아서 상품을 받을 것인가? 길동이는 가슴이 두근두근했다.

잠시 후, 스르르 하고 문이 열렸다. 아이들은 터널처럼 생긴 유리벽 사이를 걸어갔다. 벽에는 오색찬란한 벽화가 그려져 있었다. 깃털을 머리에 꽂고 말을 타고 달리면서 활을 쏘는 청년의 모습이 마치 살아 있는 것처럼 입체적으로 보였다. 의자가 놓인 넓은 방이 나왔다. 모든 아이들이 자리에 앉자 안내 방송이 흘러나왔다.

"삼국 시대관에 오신 걸 환영합니다. 이번에 현실로 돌아올 때는 암호 두 개가 필요합니다. 삼국 시대에 쓰인 '화폐'와 '무역왕'의 이름이 암호입니다. 암호를 찾으면 재빨리 외쳐야 다음 상황으로 이동합니다. 유난히 전쟁이 많은 철기 시대이므로 조심하시기 바랍니다."

길동이는 설레임과 두려움에 심장이 벌렁거렸다. 길게 심호흡을 한 후 앞에 놓인 안경을 썼다. 불이 꺼졌다. 길고 둥근 유리 터널 안으로 쭉 미끄러지더니 계속 아래로 떨어졌다. 머리카락이 모두 위로 솟구치고 가슴이 풍선처럼 부풀어 오르는 듯했다.

제2관 삼국 시대관

제2관

길동이는 툭 떨어지면서 엉덩방아를 쿵 찧었다. 눈앞에 사람들이 둥그렇게 모여 웅성거리는 모습이 보였고, 누군가 악을 질러 대는 소리가 들렸다. 길동이는 무슨 일인지 궁금하여 사람들을 밀치고 안쪽으로 들어갔다. 한 노파가 어떤 젊은이를 잡고 흔들면서 소리치고 있었다.

"이놈아, 이 도둑놈아! 소금 팔러 다니는 척하면서 남의 집 물건이나 훔쳐 가? 네가 그런 짓을 하고도 무사할 줄 알았느냐?"

"아니, 왜 이러시오? 뭘 잘못 아신 모양인데……."

젊은이의 말이 끝나기도 전에 노파는 젊은이가 짊어지고 있는 가마니를 잡아당겨 땅에 떨어뜨렸다.

"아니, 네 놈이 시치미 뗀다고 내가 속을 줄 아느냐? 네가 내 신발을 훔쳐서 소금 가마니에 숨겨 놓고 모른 척해?"

"내가 왜 그런 짓을 한단 말이오?"

노파는 소금 가마니를 풀어헤치더니 신발 한 켤레를 꺼냈다. 젊은이는 깜짝 놀란 표정으로 멍하니 서 있었다.

노파는 젊은이를 끌고 관가로 갔다. 길동이도 다른 구경꾼들을 따라 관가로 갔다. 노파 혼자만 계속 떠들어 대고 젊은이는 별 말이 없었다. 관가에서는 노파의 신발 값으로

보너스
소금이 금이래요.

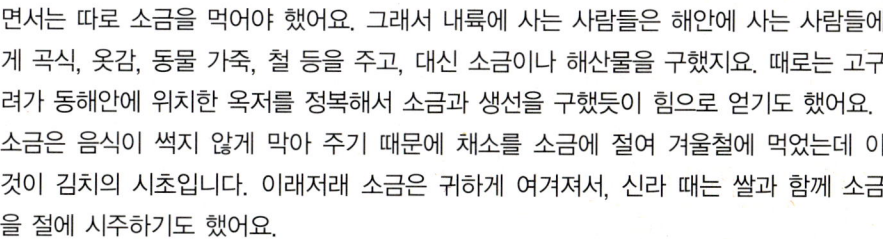

소금은 사람에게 없어서는 안 될 필수품입니다. 오래 전 사람들은 바닷가에 살면서 해조류나 물고기를 먹고 살았으므로 자연스럽게 염분을 섭취했어요.

그런데 농업이 발달해 곡식과 야채를 먹으면서는 따로 소금을 먹어야 했어요. 그래서 내륙에 사는 사람들은 해안에 사는 사람들에게 곡식, 옷감, 동물 가죽, 철 등을 주고, 대신 소금이나 해산물을 구했지요. 때로는 고구려가 동해안에 위치한 옥저를 정복해서 소금과 생선을 구했듯이 힘으로 얻기도 했어요.

소금은 음식이 썩지 않게 막아 주기 때문에 채소를 소금에 절여 겨울철에 먹었는데 이것이 김치의 시초입니다. 이래저래 소금은 귀하게 여겨져서, 신라 때는 쌀과 함께 소금을 절에 시주하기도 했어요.

소금을 주고 젊은이의 볼기를 쳐서 내보냈다.

길동이는 어쩐지 이상했다. 반짝반짝 빛나는 눈과 넓은 이마를 가진 청년은 아무리 보아도 도둑처럼 보이지 않았기 때문이다. 무슨 사연이 있을 것만 같았다.

그래서 길동이는 젊은이의 뒤를 졸졸 따라갔다. 젊은이는 한숨을 쉬며 어깨를 축 늘어뜨리고 소금 가마니를 메고 한참을 걸어가다가 뒤를 돌아보았다. 그러곤 다시 걸었다. 길동이는 계속 젊은이를 따라갔다.

"형, 형은 신발을 훔치지 않았죠? 그런데 왜 바보처럼 아무 말도 않고 벌을 받았어요?"

젊은이는 잠깐 멈칫하더니 말했다.

"그 노파가 소금을 공짜로 달라는데

보너스
곡식과 베로 세금을 내고 물건도 사요.

고구려, 백제, 신라 세 나라는 제대로 된 국가 체제를 정비하면서 세금을 거둬들였습니다. 백성들은 쌀, 좁쌀 같은 곡물과 삼베, 비단 등의 옷감을 세금으로 냈어요. 또 시장이 생기고 상업이 활발해지면서 삼베와 곡물이 화폐 역할을 했습니다. 일반 백성들은 곡물이나 옷감을 가지고 나가 농기구나 가축 등을 살 수 있었어요. 이 밖에도 고대 삼국 시대에는 여러모로 쓸모가 많은 철, 모시, 금속품, 농산품 등이 교환 수단으로서 화폐 역할을 했습니다.

내가 안 줬더니 누명을 씌운 모양이야. 내 소금 가마니에서 노파 신발이 나왔는데 변명을 한들 무슨 소용 있겠니?"

"그랬군요. 내 이름은 길동인데 형 이름은 뭐예요?"

"난 을불이야. 바닷가에서 멀리 떨어진 마을에 소금을 팔러 다니지."

"무거운 소금을 메고 다니기 힘들 테니까 비싸게 팔아요."

"허허, 넌 재미있는 녀석이구나. 소금 값을 잘 쳐서 쌀이나 베를 많이 주면 나도 좋지."

"아, 알았다! 쌀과 베가 삼국 시대 돈이구나."

"뭐라고?"

"아무것도 아니에요. 형, 고마워요. 앞으론 억울한 일 당하지 말고 조심해요."

길동이는 실실 웃음이 나왔다. '야호, 암호 하나 완성!'

"삼국 시대 화폐는 쌀과 베!"

을불 형과 헤어진 길동이는 어디로 갈까 잠시 망설였다. 한 사람이 간신히 지나갈 만한 좁은 길을 따라 계속 걸었다.

'여기가 어딜까? 내가 혹시 잘못 가고 있는 건 아닐까?'

지루하고 겁도 나서 길동이는 막 달리기 시작했다. 그런데 저 앞에 서너 명의 아저씨들이 보였다. 날이 덥고 가물어서 아저씨들이 발걸음을 뗄 때마다 먼지가 날렸다. 아저씨들의 벌건 얼굴 위로 땀이 줄줄 흘렀다.

> 을불은 고구려 제15대 미천왕의 이름이다. 을불은 왕족이었으나 큰아버지 봉상왕이 아버지 돌고를 죽이고 즉위하자 신분을 감추고 숨어 지냈다. 그 후 국상 창조리가 봉상왕을 몰아낸 뒤에 을불이 왕위에 올랐다. 미천왕은 중국이 세운 낙랑군과 대방군을 내쫓고 영토를 넓혀 고구려의 번영을 이끌었다.

"이렇게 날이 가물어서야 곡식이 자랄 수가 있겠나?"

"그러게 말이야, 그래서 오늘 기우제(비가 오기를 비는 제사)를 지낸다지 않나. 어서 서둘러서 시장으로 가 보세."

길동이는 속으로 쾌재를 부르며 아저씨들을 따라갔다. 아저씨들이 도착한 곳은 시장이었다.

시장에는 크기가 어슷비슷한 상점들이 줄지어 있었다. 상점 안에는 고급 비단과 장신구 같은 호화로운 물건도 있고 약재, 농기구, 신발, 옷감도 있었다. 하지만 상점 몇 군데를 둘러보자 시장 구경이 금방 끝날 만큼 시장은 작고 소박했다. 주로 귀족이나 부자들이 사용하는 몇 가지 안 되는 값비싼 물건들뿐이었다.

'참 이상하다. 도대체 일반 백성들은 뭘 먹고 뭘 입지? 도깨비 방망이를 하나씩 두고 뚝딱뚝딱 만들어 내는 것도 아닐 테고.'

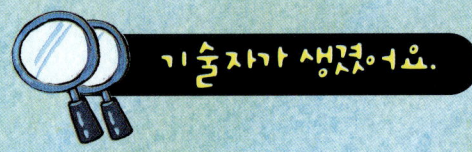 기술자가 생겼어요.

나라가 커지고 제도가 발달하면서 새로운 직업이 생겨났어요. 바로 수공업자(장인)랍니다. 도시의 귀족이나 부자들은 직접 물건을 만들지 않고 이들에게서 필요한 물건을 사곤 했어요. 귀족들은 비단으로 만든 옷을 입고 정교한 솜씨로 만든 귀금속으로 장식을 하면서 자신들의 권위를 뽐내었지요.

수공업자들 중에는 하급 벼슬을 받은 관리도 있었고, 기술을 제공한 평민도 있었어요. 그러나 대부분은 노비였어요. 수공업자들 중에는 왕실과 국가기관의 물건을 생산하는 왕실 수공업자와 관영 수공업자들이 가장 규모가 컸어요.

관영 공방은 규모가 크고, 나라에서 쓰는 주요 물품을 만들었어요. 임금님이 쓰는 귀한 물건부터 나라를 지키는 데 쓸 무기 등을 만들었지요. 민영 공방은 규모가 작고, 만들 수 있는 물건도 제한되어 있었어요. 이곳에선 일반인들이 쓰는 생활필수품인 토기, 기와, 철제 도구 등을 만들었어요.

그 때 시장 한복판에 사람들이 많이 모여 있는 것이 보였다. 길동이는 얼른 그곳으로 갔다. 용을 그린 큰 그림을 걸어 놓고 여러 가지 음식과 술을 차려 하늘에 제사를 지내고 있었다.

'시장에서 왜 제사를 지낸담?'

길동이는 참 이상했다. 궁금한 것은 못 참는 길동이가 가만 있을 리 없었다.

"아저씨, 왜 시장에서 비를 내려 달라고 제사를 지내나요?"

"그게 무슨 말이냐? 시장이야 원래 조상께 제사 지내던 곳인데. 그뿐이냐? 나라의 명을 어긴 중죄인들을 처형하는 곳이기도 하지."

"그러다가 물건을 사고파는 장소로 바뀐 거군요?"

"그렇지. 녀석 보기보단 똑똑하네."

"그런데 이렇게 하늘에 제사를 지내면 진짜 비가 오긴 올까요?"

"예끼 이놈! 입 조심해라. 당연히 하늘에서 비를 내려 주시지."

"저기 차려진 음식은 언제 나눠 주나요? 아, 배고파."

"이 녀석, 염불보다 잿밥에 맘이 있구나."

"그런데 아저씨, '무역왕'을 만나려면 어떻게 해야 하나요?"

"무역왕이라니? 지금 이 나라의 왕은 흥덕왕(신라 제42대 임금)이시다. 하늘에

해가 하나이듯이 한 나라에 왕이 한 분뿐이신데 넌 무슨 해괴한 소리를 하느냐?"
 길동이는 깜짝 놀랐다. 이러다가 반역 죄인이나 첩자로 몰려 시장에서 사형을 당하는 게 아닌가 생각하니 소름이 끼쳤다. 길동이는 얼른 그 자리를 떠났다.
 한숨 돌린 길동이는 무역왕을 어디 가야 만날 수 있을지 곰곰 생각했다.
 '옳지! 무역왕이니까 무역이 이루어지는 곳으로 가면 만날 수 있겠구나.'

 길동이는 사람들에게 물어물어 외국 배들이 드나드는 무역의 중심지 청해진을 찾아 나섰다. 남쪽으로 남쪽으로 얼마를 걸었는지, 길동이는 지치고 힘들었다. 발걸음을 힘겹게 옮기는데 그 때 비릿한 바다 냄새가 바람에 실려 왔다. 너무 반가워서 바다 쪽으로 뛰어가 보니 커다란 배들이 정박해 있는 청해진이 보였다.
 그런데 갑자기 누군가 길동이를 뒤에서 꼼짝 못하게 붙잡더니 밧줄로 두 손을 묶었다.
 "아니, 왜 이러세요? 누구세요?"
 그 사람이 무슨 말인가 중얼거렸지만

알아들을 수가 없었다. 길동이는 발버둥을 치면서 살려 달라고 외쳤다. 무슨 영문인지 몰라도 위험한 상황임은 확실했다. 그 때 누군가 말을 타고 달려오더니, 쩌렁쩌렁한 목소리로 외쳤다.

"네 이놈들, 감히 여기가 어디라고 내 백성을 납치해 가려고 하느냐? 내가 너희들을 용서하지 않겠다."

그러자 길동이를 잡고 있던 사람들은 허둥대면서 이상한 말로 소리치다가 그대로 달아나 버렸다.

"내가 이곳을 지나가지 않았으면 정말 큰일 날 뻔했다. 아직도 해적 무리들이 남아 백성들을 괴롭히고 있다니 괘씸하구나."

"정말 감사합니다. 그런데 아저씨를 보기만 해도 해적들이 도망가네요. 도대체 아저씨는 누구세요?"

"나는 청해진 대사 장보고다. 이곳 청해에 수군 기지를 설치하고 해적들이 도둑질을 하지 못하도록 바다를 지키고 있단다. 그래야 우리나라가 외국과 안전하게 무역을 할 수 있으니 말이다."

"그럼, 아저씨가 바로 그 유명한 무역왕이시군요?"

해상왕 장보고가 활약했던 청해진은 전라남도 완도에 위치해 있어요. 완도 주변에는 장도, 장좌리 등 장보고와 관련된 지명이 아직도 남아 있지요. (사진은 장도와 청해진 유적)

무역왕, 해상왕으로 불렸던 장보고(?-846)는 청해에 수군 기지를 설치해 해적들이 도둑질을 하지 못하도록 하고 우리나라가 외국과 안전하게 무역을 할 수 있도록 도왔어요.

장보고 아저씨가 길동이를 보고 빙그레 웃었다. 길동이는 큰일을 겪었지만 암호도 풀고 용감한 장보고도 만나게 되어 무척 기뻤다. 이제 삼국 시대 여행을 마칠 시간이었다.

길동이는 큰 소리로 외쳤다.

"무역왕은 장보고!"

무사히 돌아온 길동이는 주변을 둘러보았다. 암호를 찾지 못하고 중도에 안경을 벗어서 탈락한 아이들의 표정이 시무룩했다. 길동이는 가상 체험이 아주 마음에 들었고 더욱 자신감이 생겼다. 평소에 덜렁대서 실수도 많지만, 무슨 일이든 앉아서 걱정하기보다는 부딪치고 보는 성격이라 가상 체험관에서의 모험이 즐거웠다.

해상왕 장보고

능력이 뛰어났지만 신분이 낮아 신라에선 성공할 수 없었던 장보고는 꿈을 안고 당나라로 건너갔어요. 이 무렵 당나라는 지방마다 군벌들이 세력을 떨치고 있었지요. 장보고는 서주 지방에서 해상 활동을 감시하고 해적을 통제하는 무령군 소장이 되었어요. 서주는 인도, 아라비아, 일본 등 여러 나라의 배가 모이는 국제 항구가 옆에 있었거든요.

828년, 장보고는 신라로 돌아와 흥덕왕을 찾아갔어요.
"당나라 해적들이 우리 신라 사람들을 잡아다 노예로 팔고 있습니다. 저에게 군사를 주시면 해적을 모두 소탕하겠습니다." 장보고는 완도 가리포에 성을 쌓고 배를 띄워 수군을 훈련시켰어요. 장보고가 이끄는 신라의 수군은 해적이 나타나면 출동해 그들을 물리쳤지요.

장보고와 신라의 수군은 중국 산동성의 등주에서도 해상 활동을 벌였어요. 장보고는 특히 신라인의 거주지인 신라방을 많이 늘렸고 조선소와 선박수리소를 설치하여 운영했어요. 후기에는 상업 활동에 힘을 쏟았는데, 특히 일본과 당을 오가는 중개무역을 했어요.

　제3관 고려 시대관에는 고운 무늬가 아로새겨진 비취빛 고려청자 모양의 문이 있었다. 그 앞에서 기다리는 아이는 길동이까지 열대여섯 명쯤 되었다. 꽤 힘들었는지 길동이 옆에 있던 여자 아이가 이마의 땀을 닦았다.
　"무역왕을 못 찾아서 하마터면 탈락할 뻔했어. 넌 어땠어?"
　"나도 해적들한테 잡혀서 죽는 줄 알았어. 그래도 여기까지 와서 다행이야."
　"나도 그래. 우리 열심히 해서 끝까지 가 보자!"
　여자 친구가 찡긋 웃어 보였다. 그 모습을 보자 새롭게 힘이 솟는 것 같았다.
　이윽고 청자 모양의 문이 부드럽게 열렸다. 안으로 들어가니 한가운데 크고 투명한 기둥이 있었다. 기둥에서는 높은 탑과 팔만대장경, 그리고 외적과 싸우는 고려 군사의 화면이 반복해서 바뀌었다. 길동이는 고려 시대관에서는 어떤 짜릿한 체험을 할 수 있을까 기대되었다.
　"어린이 여러분, 고려 시대 가상 체험을 시작하겠습니다. 이번 여행에서 찾을 암호는 두 개입니다. '고려 시대의 세계적 무역항'과 '고려의 화폐'가 뭔지 찾아 보세요. 첫 번째 암호를 찾으면 여러분은 두 번째 상황으로 자동 이동되며, 암호를 다 찾으면 자연스럽게 이곳으로 돌아오게 됩니다.
　암호가 틀릴 경우 다음 상황을 체험할 수 없게 되니, 암호를 말할 때 신중하게 결정하기 바랍니다. 모두들 기억에 남는 체험을 하시기 바랍니다."
　의자가 위로 팅겨지는가 싶더니 다시 아래로 곤두박질치다가 어딘가로 툭 떨어졌다. 놀이기구를 타는 듯 아찔했다.

제3관
고려 시대관

제3관

길동이가 도착한 곳은 숲 속이었다. 나무들이 빽빽해서 햇살이 잘 비치지 않아 컴컴했다. 금세 호랑이라도 튀어나올 것처럼 으스스했다. 멀리서 물소리가 들려왔다. 길동이는 계곡을 따라 내려가면 길을 찾을 수 있겠지 싶어서, 물소리가 나는 쪽으로 조심스레 걸어갔다.

"으악, 귀신이다!"

저만치에서 무언가 꿈틀거리더니 신음 소리가 났다. 도망가려던 길동이가 다시 보니 사람이었다. 평소에 용감한 길동이지만 이번엔 심장이 쿵쿵 뛰었다.

"거기, 누구세요?"

"제발 나 좀 도와다오. 다리를 다쳤어."

머리가 희끗희끗한 할아버지가 발목을 부여잡고 쓰러져 있었다. 길동이는 할아버지를 부축하여 할아버지가 가리키는 곳으로 갔다. 나뭇가지를 엮고 풀을 덮어서 만든 움막이 보였다.

"고맙다. 네가 아니면 큰일 날 뻔했다. 난 산삼을 캐러 다니는 심마니란다."

다행히 뼈가 부러진 건 아니어서 며칠이 지나자 할아버지는 걸을 수 있게 되었다. 몸이 낫자 할아버지는 계곡 옆에 있는 큰 바위에서 산신령께 제사를 지냈다.

할아버지와 길동이는 몸과 마음을 깨끗하게 하고 말도 함부로 하지 않았다. 산삼을 찾으려면 몸가짐을 조심해야 한다고 했다.

길동이는 하루 종일 산삼을 찾아서 할아버지와 함께 숲 속을 쏘다녔고, 그래서 밤이면 지쳐 곯아떨어지기 일쑤였다.

길동이는 할아버지를 잃고 컴컴한 숲 속을 헤매었다. 그 때 큰 호랑이가 길동이 앞에 나타났다. 호랑이와 눈이 마주치자 길동이는 온몸이 얼어붙었다. 호랑이가 입을 쩍 벌리자 날카로운 이빨이 보였다. 길동이는 너무 무서워서 소리도 나오지 않았다. 길동이가 뒷걸음질치자 호랑이가 어슬렁거리면서 따라왔다. 길동이는 할아버지를 부르면서 도망가다가 풀뿌리에 걸려 그만 넘어지고 말았다. 호랑이가 길동이의 등을 덥썩 물었다.

"으악!"

"길동아, 길동아! 왜 그러느냐?"

길동이가 눈을 뜨니 할아버지가 길동이를 내려다보고 계셨다.

"휴우, 꿈이었군요. 호랑이가 저를 물었어요."

그 말에 할아버지가 밝게 웃으셨다.

"허허, 산신령께서 우리 길동이에게 산삼을 주시려나 보구나."

"어? 호랑이에게 물려 가는 꿈이 좋은 꿈이에요?"

"그렇다마다."

그 날 할아버지와 길동이는 산삼을 찾아 더 깊은 산 속으로 들어갔다. 그런데 두 사람 앞에 천길 낭떠러지 벼랑이 나타났다.

"할아버지, 할아버지! 여기 좀 보세요."

할아버지는 눈을 동그랗게 뜨고 살펴보더니 큰 소리로 세 번 외쳤다.

"심봤다, 심봤다, 심봤다!"

할아버지는 산삼을 조심스럽게 캐낸 다음 산신령께 감사 드리는 제사를 지냈다.

할아버지와 길동이는 산삼을 팔러 사람들이 많이 모이는 개경으로 갔다. 마침 나라의 축제인 팔관회가

> 고려는 매년 하늘과 땅의 신령들과 부처에게 기도하는 팔관회를 열었다. 팔관회는 천하태평과 화합을 다지는 국가 행사로, 임금과 신하, 일반 백성들은 물론이요 외국 사신들까지 참여하는 큰 축제였다.

열리는 시기라서 개경은 떠들썩했다. 외국인들과 우리나라 상인들이 선물을 가지고 와서 왕에게 바치고 함께 축제를 즐긴다고 했다.

개경에는 길 양편으로 여러 가지 물건을 파는 고급 상점들이 줄줄이 늘어서 있었다. 또 상점 문 앞에는 어떤 물건을 파는지를 알리는 간판이 걸려 있었다. 할아버지는 죽 둘러보더니 그 중 제일 크고 사람이 많은 인삼 가게로 들어갔다.

길동이는 혼자 시장 구경에 나섰다. 비단, 해산물, 약재, 농산물 따위를 파는 상점 안은 귀족들과 그들을 따라 온 하인들로 북적거렸다. 한참 후 할아버지가 주름진 얼굴 가득 웃음을 띠고 가게를 나왔다. 산삼을 비싼 값에 팔아서 기분이 좋으신 모양이었다.

"할아버지, 개경에는 부자들만 사나요? 시장에 비단 옷을 입은 귀족들만 보이고 평범한 백성들은 안 보이네요."

"녀석이 제법 눈썰미가 있구나. 백성들은 날짜와 장소를 정해서 노천 시장을 연단다. 길가에 물건을 늘어놓고 서로 바꾸거나 사고팔지. 그곳에선 물건을 더 싸게 살 수 있단다."

"개경은 시장도 있고, 물건을 사고파는 사람들도 많아서 활기가 넘치네요."

"우리 기왕 개경까지 왔으니 다른 나라 사람들이 와서 무역을 한다는 곳에도 가 보자. 거기에는 눈에 색깔 있는 사람들도 있다더구나."

길동이와 할아버지는 30리를 걸어 예성강 끝자락으로 향했다. 강 주변은 사람들이 많아 시끄러웠으며 항구엔 배가 꽉 차 있었다. 여기저기에서 물건을 파는 사람들의 고함 소리와 떠드는 소리에 길동이는 귀가 따가울 지경이었다.

개경에 시장이 있었어요.

고려는 초기부터 상업을 보호하는 정책을 펼쳤어요. 국가는 수도인 개경(지금의 개성)과 평양에 '시전'을 설치했어요. 시전은 전통 사회의 대표적인 상설 상점인데, 국가가 점포를 지어 상인에게 빌려주는 형태로 운영되었어요.

시전 상인들은 관청에 필요한 물건들을 대주었고, 돈이 많은 지배층과 귀족과 사원이 주로 이용했어요. 시전 상인들은 지방 행상들에게 비단, 해산물, 약재, 농산물 등 고급 상품을 받아서 왕실과 귀족에게 팔았지요.

개경에는 대토지를 갖고 있는 지배층이 몰려 있어서 돈이 많았어요. 그래서 개경은 부유층이 소비하는 물품을 사고팔면서 상업의 중심지가 되었지요. 개경의 인구가 점점 늘고 관청에서 필요한 물품량이 늘어나면서 개경 시전도 규모가 커졌고, 한 가지 상품을 파는 전문 시전도 생겼어요. 종이 파는 지전, 말을 파는 마전, 기름을 파는 유시, 차를 파는 다점, 만두를 파는 쌍화점이 있었어요.

고려의 대표 상인인 개성 상인들은 전국에 송방이라는 지점을 설치하면서 세력을 형성했지요. 그 때부터 부지런하고 머리 좋은 개성 상인들은 상인의 대명사로 불리게 되었어요.

한편, 지방 사람들은 장시에서 필요한 물건을 샀어요. 그런데 이 시장도 크게 발달하진 못했어요. 사람들은 집에서 쓰고 남는 물건들을 들고 나와서 다른 물건과 바꾸어 가는 정도로 거래를 했어요. 당시에는 쌀과 추포(옷감으로 쓸 수 없는 성긴 베)가 화폐로 쓰였어요.

고려 때는 '소'라는 천민 집단에서 자기, 철, 종이, 기름, 벼루 등의 수공업 생산을 전담했었어요. '소'의 사람들은 전쟁 포로거나 반역죄인 들로, 힘든 노동에 시달렸어요. 그 덕에 귀족들은 사치를 누렸지요.

"여기가 어디예요?"

"여긴 외국과 무역을 하는 벽란도란다. 나도 말로만 듣다가 와 보긴 처음이다."

길동이는 내심 놀랐다. 무역이라고 해 봐야 얼마나 대단할까 하고 은근히 무시했는데, 벽란도는 예상을 초월했다. 외국 사람도 많고 별별 물건이 다 있었다.

약재와 비단, 도자기 따위를 파는 상인들이 많았는데 옷이나 말로 볼 때 중국 송나라 상인이 틀림없었다. 파란 눈의 아라비아 상인들은 자신들이 가져 온 상아와 향료를 더 비싼 값에 팔려고 흥정을 하고 있었다. 또 다른 쪽에서는 외국 상인들이 고려의 금, 은, 인삼을 사려고 서로 몸싸움을 벌이며 아우성이었다.

길동이는 시장은 예나 지금이나 바쁘고 소란스럽구나, 하고 생각했다. 할아버지는 외국인을 뚫어져라 쳐다보고 있었다.

"코는 엄청나게 크고 눈은 푹 꺼지고 눈알에는 색깔이 있고, 참 이상하게도 생겼다."

"할아버지, 그렇게 신기하세요? 저는 고려의 도자기와 인삼이 바다 건너 멀리 외국까지 나가서 고려를 알린다는 게 더 신기하고 기분이 좋아요."

"허허, 네 말이 맞다! 여기 오니까 여러 나라 사람들과 온갖 물건들이 섞여 있어서 마치 고려가 아닌 다른 나라에 온 기분이 드는구나."

인삼 한 궤짝을 사던 아라비아 상인이 길동이와 눈이 마주치자 엄지손가락을 치켜세웠다.

"코리아 인삼 최고!"

벽란도를 구경하는 사이에 어느덧 해가 저물었다. 밤이 되자 벽란도엔 불빛이 찬란했다. 고깃배에서 등불이 반짝거렸고, 주막과 음식점에서는 붉은 불빛이 새어 나왔다. 구경하는 사람들이 들고 나온 초롱불도 반짝였다. 노랫소리와 싸움하는 소리가 섞여 벽란도는 밤에도 여전히 시끄러웠다. 과연 벽란도는 세계의 상

색목인 인형. 색목인은 '여러 종류의 사람들'이란 말로 중국 원나라 때 터키, 이란, 아라비아 등 서역 종족들을 일컫던 말에서 유래됐어요.

인들이 모여드는 국제 무역항다웠다.

"할아버지, 저는 이제 떠나야겠어요."

"아니, 갑자기 왜? 나랑 더 있으면 좋으련만……."

그 새 정이 든 할아버지는 눈물을 글썽였다. 할아버지와 헤어진 길동이는 벽란도의 불빛과 소란스러움 속에서 크게 소리쳤다.

"고려의 무역항 벽란도!"

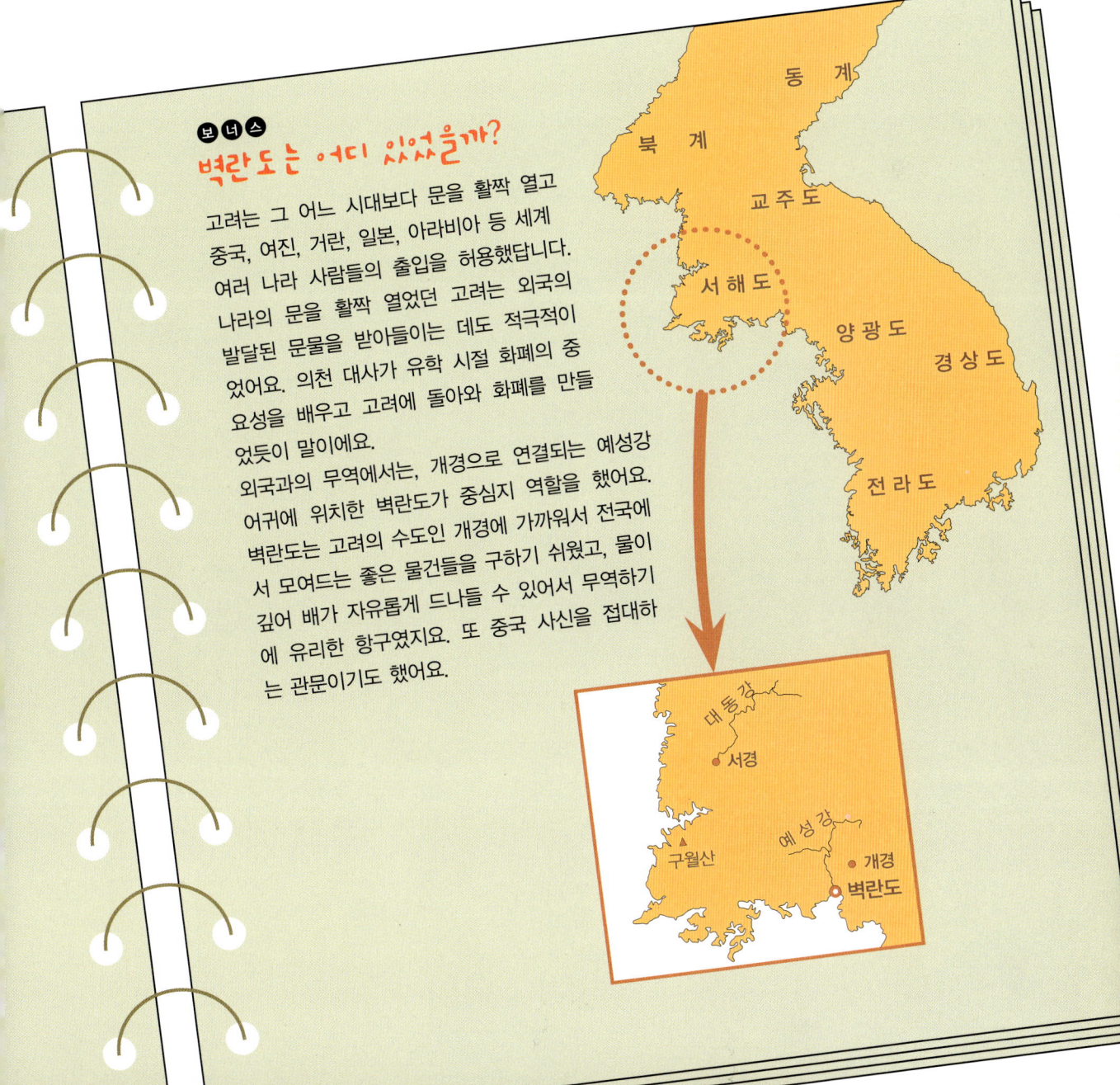

보너스
벽란도는 어디 있었을까?

고려는 그 어느 시대보다 문을 활짝 열고 중국, 여진, 거란, 일본, 아라비아 등 세계 여러 나라 사람들의 출입을 허용했답니다. 나라의 문을 활짝 열었던 고려는 외국의 발달된 문물을 받아들이는 데도 적극적이었어요. 의천 대사가 유학 시절 화폐의 중요성을 배우고 고려에 돌아와 화폐를 만들었듯이 말이에요.

외국과의 무역에서는, 개경으로 연결되는 예성강 어귀에 위치한 벽란도가 중심지 역할을 했어요. 벽란도는 고려의 수도인 개경에 가까워서 전국에서 모여드는 좋은 물건들을 구하기 쉬웠고, 물이 깊어 배가 자유롭게 드나들 수 있어서 무역하기에 유리한 항구였지요. 또 중국 사신을 접대하는 관문이기도 했어요.

코리아는 고려에서 전해진 이름이래요.

외국인들이 우리나라를 '코리아'로 부르는데 '코리아'는 '고려'에서 나온 이름이랍니다. 고려를 다녀간 아라비아 상인들을 통해서 널리 알려졌으니 고려 시대 국제 교역이 그만큼 활발했다는 뜻이지요. 개경에서 가까운 벽란도에는 송나라 상인을 비롯한 여러 나라 상인들이 오갔어요. 특히 중국 송나라는 국가가 나서서 상업을 장려했기 때문에 무역이 활발히 이루어졌어요.

고려와 송의 무역은 조공무역과 민간무역으로 나누어 볼 수 있어요. 조공무역은 왕에게 물건을 바치면 왕이 그 대가로 물건을 주는 무역 방식이에요. 상인이 가지고 온 것 중 궁중이나 관에서 필요로 하는 좋은 물건은 바치고 나머지는 시장을 열어 팔도록 했어요. 무역품 중에서는 종이와 인삼이 뛰어난 품질로 찬탄을 받았어요.

송나라 상인들은 명주에서 출발해 연해를 따라 북상하다가 동쪽으로 항해한 후 우리나라의 흑산도를 거쳐 예성강에 도착했어요. 노와 돛만을 이용해 항해를 했기 때문에 바람이 불 때는 무척 위험했지요. 그러나 송나라 상인들은 그런 위험을 감수하고 중국과 아라비아의 물건을 싣고 와 고려의 물건과 바꿔 가곤 했어요. 그 과정에서 아라비아 등 서방 세계에 '코리아'가 알려지게 되었지요.

그런데 고려가 송나라와의 무역에서 이득만 얻은 것은 아니었어요. 송나라 상인은 비단, 도자기, 차, 약재, 서적 등을 가져왔는데, 모두 왕실과 귀족층이 사용하는 사치품이었지요. 워낙 가격이 비쌌기 때문에 물건으로 충당이 안 되면 부족한 가치만큼 고려는 송에 금, 은을 지불해야 했어요. 결국 고려는 귀족과 왕실의 사치를 위해 무역을 했던 셈입니다.

아라비아 상인들은 중국을 거쳐 고려와 무역을 했답니다. 수은, 향료, 상아 따위를 수출하고 인삼 등을 고려에서 수입했어요.

송나라 상인들은 자기 나라 물건은 물론, 아라비아 등과 고려를 잇는 중개무역에도 열심이었어요. 덕분에 코리아(고려)라는 이름이 세계에 알려지기도 했지요.
한편, 고려는 불교의 영향을 받아 귀족과 승려들 사이에 차 마시는 풍습이 유행하면서 차를 많이 수입했고, 중국 의학책에 따라 약을 처방했으므로 송의 약재를 많이 사갔답니다.

고려와 거란족의 요나라는 초기에 사이가 좋지 않았어요. 나중에는 조공무역이 이루어졌지만, 무역장(각장) 설치를 요구하는 거란의 요청에 고려는 응하지 않았어요.

압록강 남쪽과 함경도 지역에 살던 여진족의 금나라와는, 공무역을 중심으로 사무역도 행해졌어요. 고려에서 은, 옷감 등을 받아 가고 금나라는 화살, 담비가죽, 족제비털 등을 바쳤어요.

일본과는 문종 때 외교 관계를 맺은 후부터 무역이 활발해졌는데 일본 상인들이 고려에 와서 토산물을 바치는 사헌무역을 했어요. 후기에는 고려 상인들도 일본과 사무역을 했으나 왜구 침입 이후로 무역은 중지되었어요.

중국에서 물품을 싣고 일본으로 가던 중 폭풍으로 신안 앞바다에 침몰한 것으로 추정되는 무역선의 상상 복원도. 중국, 일본, 남양, 서역의 상인들은 고려 시대 대표적인 무역항 벽란도에 모여 교역을 했어요.

길동이 주위가 회오리처럼 빙빙 돌더니 휙 사라졌다. 정신을 차려 보니 커다란 절에 있었다. 길동이는 다음 상황으로 이동한 것을 알고 기뻐서 공중으로 팔짝 뛰어올랐다.

"야호!"

그 때 어디선가 웅성거리는 소리가 들렸다. 가 보니 남녀노소 할 것 없이 많은 사람들이 스님들과 한데 섞여서 탑 주변을 빙빙 돌고 있었다. 무슨 일인가 싶어 길동이도 그들을 따라서 손을 모으고 탑돌이 무리에 합류했다. 어떤 총각이 한 처녀를 홀끔거리며 쳐다보자 처녀 얼굴이 빨개졌다.

'짝꿍 찾기 게임하는 걸까?'

길동이는 갑자기 가슴이 두근거렸다. 하지만 길동이 또래의 여자 아이들은 보이지 않았고 한참을 빙빙 돌아도 아무 일도 일어나지 않았다.

길동이는 망설이다가 앞에 있는 아주머니께 여쭈어 보았다.

"아주머니, 왜 모두들 탑 주변을 빙빙 돌고 있는 거예요?"

아주머니는 이상한 듯 쳐다보다가 진짜로 몰라서 묻는 건지 의심스럽다는 표정으로 말했다.

"부처님의 공덕을 기리고 소원을 비는 거란다."

길동이는 얼른 손을 모으고 소원을 빌었다.

'부처님, 제가 끝까지 해낼 수 있도록 도와주세요. 꼭 상품을 받게 해 주세요.'

탑돌이 무리에서 빠져 나온 길동이는 절 구경에 나섰다. 절도 크고 사람들도 무척 많았다. 고려는 불교를 숭상했고 대다수 백성이 불교 신자였다더니 정말 그런 것 같았다.

한낮이 지나고 절의 행사가 끝났다. 그런데 사람들이 흩어지지 않고, 절의 넓은 마당으로 모여들기 시작했다.

'어, 또 무슨 일이야? 왜 집으로 돌아가지 않고 다시 모이는 거지?'

그 때 스님들이 여러 가지 물건들을 앞에 늘어놓기 시작했다. 불상, 염주, 곡식, 채소 따위였다. 사람들도 각자 자기 앞에 물건들을 펼쳐 놓았다. 길동이는 신나게 뛰어가는 또래 아이를 붙잡았다.

"얘! 여기에서 뭘 하는 거니?"

"지금부터 장이 서는 거지."

"그럼, 절에서 물건을 사고판단 말이냐?"

"그게 어때서? 절엔 사람들이 많이 모이니까 서로 물건을 가지고 와서 사고팔기 편하지. 게다가 절은 부자니까 남아도는 물건을 팔면 좋잖아."

"아니, 저 스님이 파는 거 술 아니야? 절에서 술도 만들어 판단 말이야?"

"히히, 술을 못 마시는 스님들이 술을 빚는다는 게 좀 이상하긴 하지? 그렇지만 절은 논이 많아서 쌀도 흔하니까 그 쌀로 술을 만들어 팔면 더 부자가 되는 거지, 뭘."

길동이는 고개를 끄덕이긴 했지만 기분이 유쾌하지 않았다. 스님들은 욕심이 없다고 생각했는데 이익을 남기는 장사를 한다는 게 아무래도 낯설었다.

그 때 술을 팔고 있는 스님과 눈이 마주쳤다. 볼이 통통한 스님이 욕심꾸러기 같이 보였다. 길동이는 자신도 모르게 혀를 낼름 내밀었다. 스님 얼굴이 벌개지더니 주먹을 휘두르며 뛰어왔다. 길동이는 놀라서 절 뒤쪽으로 정신없이 달려갔다. 다음 순간, "쿵" 하는 소리와 함께 머리에 통증이 느껴졌다. 커다란 소나무가 앞에 있는 걸 보지 못하고 정면으로 부딪히고 만 것이었다.

절이 시장이에요?

고려는 불교 사회로 왕실이나 지방 귀족들이 사원에 토지를 바치거나 국왕이 사원에 토지를 상으로 주는 일이 많았어요. 그래서 고려의 사원은 자연스럽게 막대한 토지를 갖고 있었어요.

사원은 절 건축에 필요한 재료나 불교 행사에 필요한 물품, 승려들의 생활용품을 들을 사고 사원의 넓은 토지에서 거둔 곡물, 파와 마늘, 술, 소금과 기름, 벌꿀 등을 생산, 판매했어요.

불교 행사에 많은 사람들이 모여들면 사원은 중요한 장터로 변신하기도 했어요. 사원은 곡식이 풍부했으므로 흉년이 들었을 때 농민들은 사원에 찾아와 양식이나 종자를 빌렸지요. 이때 사원은 농민들에게 높은 이자를 받고 물건을 빌려 주었어요.

고리대를 갚지 못한 농민은 이자가 계속 늘어갈 경우 토지를 팔거나 도망쳤고, 심지어 노비가 되었어요. 당시 불교는 고리대 행위에 대해 죄의식을 느끼지 않았어요. 그러나 곧 사원 상업이 더 확대되면서 여러 폐단이 발생했지요. 조선 시대에 불교를 탄압한 것도 이 때문이에요.

얼마나 시간이 흘렀을까? 정신을 차려 보니 저쪽에서 기품이 느껴지는 스님 한 분이 소리 없이 걸어오셨다. 특별한 기운이 느껴져서 길동이는 자신도 모르게 머리를 깊이 숙여 인사했다.

"내가 문제를 낼 테니 맞추어 보겠느냐?"

스님의 갑작스런 제안에 길동이는 당황스러웠다. 하지만 빙긋이 웃는 스님의 온화한 얼굴을 보자 조금 용기가 생겼다. 어쩌면 길동이가 풀어야 할 고려 시대 마지막 암호와 관련이 있을 것 같은 예감도 들었다. 게다가 길동이는 수수께끼에는 자신이 있었기에 조그만 목소리로 대답했다.

"네. 한 번 해 볼게요."

"이것은 무엇이겠느냐? 이것은 몸은 하나지만 역할은 네 가지다. 첫째, 몸은 둥글고 구멍은 네모나다. 둥근 것은 하늘을 상징하고 네모난 것은 땅의 모양을 가리킨다. 둘째, 이것은 샘물처럼 끝없이 흘러나와 마르지 않는다. 셋째, 이것을 백성에게 퍼뜨리면 어디든 돌아다녀 막힘이 없다. 넷째, 이것은 부자와 가난한 사람 모두에게 이익을 준다. 칼처럼 날카롭지만 아무리 써도 무뎌지지 않는다."

길동이는 고개를 갸우뚱하면서 말했다.

"스님, 조금만 더 쉽게 설명해 주세요."

"이것을 사용하면 편리하다. 중국에서는 이미 진나라 때부터 사용하고 있는데 우리 고려에서는 아직도 잘 사용하지 않는다. 잘 생각해 보고, 저 탑에 저녁 석양빛이 물드는 시간에 다시 여기로 오너라."

길동이는 땅바닥에 쭈그리고 앉아 막대기를 들고 첫 번째 힌트를 따라 모양을 그려 보았다. 둥근 원을 그리고 네모 구멍을 그렸더니 마치 사람 얼굴 같았다.

'아차, 네모 구멍이 몇 개인지 물었어야 했는데…….

힌트가 상징하는 게 뭘까? 백성들에게 편리하고 이익이 되며 막힘 없이 돌아다니고 닳아지지 않는 것.'

길동이 머릿속에는 옷, 사랑, 씨앗 따위가 떠올랐으나 네 가지 조건에 다 들어맞는 것이 없었다. 머리가 지끈지끈 아팠다. 도무지 뭐가 뭔지 알 수가 없었다.

'혹시 바퀴일까? 어디든 돌아다닐 수 있으니까. 하지만 마르지 않는다는 것과는 상관이 없잖아. 고려에서는 잘 사용하지 않는데 부자와 가난한 사람 모두에게 이익을 주는 게 뭐지?'

길동이의 가슴이 쿵쿵 뛰기 시작했다.

해가 저물자 붉은 빛이 탑을 물들였다. 조용히 나타난 스님은 길동이 얼굴을 보더니 미소를 지으셨다.

"답을 알아냈구나. 그래, 이것이 무엇이더냐?"

"그것은 바로 돈입니다."

"허허, 그래 맞았다. 제법이구나."

"그런데 스님은 누구세요?"

"나는 의천이다. 내가 송나라에 가서 보니 돈이 매우 편리하고 여러 가지 좋은 점이 많더구나. 그래서 지금 왕이신 나의 형님 숙종께 우리도 돈을 사용해야 한다고 말씀 드려 바로 이 돈을 만들었다."

스님은 동그란 모양 안에 네모 구멍이 뚫린 동전과 묘하게 생긴 은을 내밀었다.

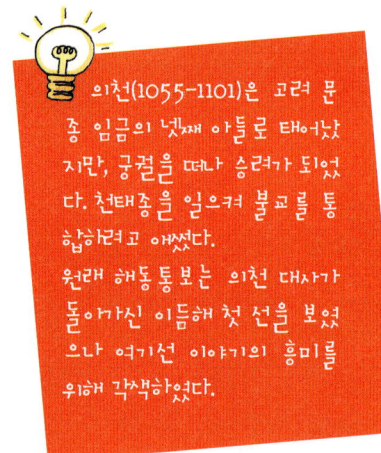

의천(1055-1101)은 고려 문종 임금의 넷째 아들로 태어났지만, 궁궐을 떠나 승려가 되었다. 천태종을 일으켜 불교를 통합하려고 애썼다.
원래 해동통보는 의천 대사가 돌아가신 이듬해 첫 선을 보였으나 여기선 이야기의 흥미를 위해 각색하였다.

"이게 돈이라고요?"

"그 동전은 해동통보이다."

"그럼, 이 이상한 건 뭔가요?"

"그건 은병이란다. 우리 고려의 모양을 본떠서 은으로 만든 돈인데, 큰 거래를 할 때 쓴단다."

"그럼, 백성들이 이제는 쌀과 베를 사용하지 않고 돈을 쓰겠네요."

"허허, 그랬으면 좋으련만 우리 백성들은 아직도 돈을 불편하게 생각해서 잘 사용하질 않는구나."

길동이는 고려 시대까지도 돈을 사용하지 않고 있다는 사실이 신기했다. 어떻든 길동이는 수수께끼 게임을 하면서 암호를 풀었으니 일석이조였다.

우리나라 최초의 주화로 알려진 해동통보는 1102년에 만들어졌어요.

"해동통보와 은병!"

길동이는 제3관 의자로 돌아왔다. 성공적으로 고려 시대 체험을 마친 것이다. 얼떨결에 참여했지만 길동이는 점점 자신감이 생겼다. 평소에 길동이를 보면 "나를 형이라 불러라."면서 놀리던 시열이가 부러워할 걸 상상하니 어깨가 으쓱해졌다.

전시관 체험이 진행될수록 상황도 암호도 복잡해지고 있었다. 길동이는 과연 누가 끝까지 남을지 궁금했다.

은 한 근으로 된 은병은 1101년 고려의 지형을 본떠 만든 화폐였어요.

고려 시대에 돈이 있었나요?

중국은 춘추전국 시대부터 금속 화폐를 사용했고 일본도 8세기 초부터 동전을 사용했어요. 그에 비하면 우리 나라는 늦게 화폐를 사용한 편이지요. 쌀과 베 등 현물을 사용하다가 고려 시대 때부터 금속 화폐를 만들어 사용했거든요. 그러나 금속 화폐를 사용하지 않았다고 해서 상업 활동이 부진한 건 아니었어요.

996년 성종 때 철로 만든 건원중보가 탄생했어요. 10세기 말, 목종은 철전 사용을 장려하기 위해 베를 화폐로 사용하는 것을 금지했지요. 그러나 백성들이 금속 화폐를 쓰려 하지 않았기 때문에 이 금속 화폐는 주막이나 음식점 등에서만 사용되었어요. 나라에서도 가게와 음식점을 제외한 여타 상점에서 베를 사용할 수 있도록 허용했어요. 철전은 상점끼리 거래할 때 부분적으로 사용되었고 일반 백성들은 오히려 곡식이나 옷감을 물품 화폐로 사용했어요.

  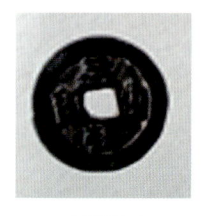 

건원중보 　　　　해동통보 　　　　삼한중보 　　　　동국통보

고려의 다양한 주화들입니다. 한편, 고려 마지막 임금 공양왕 때는 최초의 지폐인 저화도 만들었어요.

물품을 거래하고 세금을 낼 때도 대부분 옷감과 곡식을 이용했어요. 숙종의 동생 의천은 동전을 사용하면 어떤 점에서 편리한가를 잘 알고 있었어요. 특히 국가만이 화폐를 만들 수 있으므로 화폐는 국가의 힘과 영향력을 강화할 수 있는 방법이 되었지요. 의천은 여러 이유를 들어 화폐를 만들어 쓰자고 주장했어요.

특히 곡식으로 세금을 내는 경우, 만약 흉년이 들어 곡식이 부족해지면 세금이 제대로 거둬지지 못하는 일이 발생하곤 했죠. 실제로 각 지방에서 거둔 세금이 중앙으로 오지 못해 관리들의 녹봉(월급)을 몇 개월씩 주지 못하는 일도 많았어요. 결국 숙종은 주전도감(화폐 주조 기관)을 설치하고 1101년 '은병'이란 화폐를 만들었어요. 그런데 은병 하나가 베 100필에 해당할 만큼 가치가 커서 적은 액수 거래에는 불편했어요.

 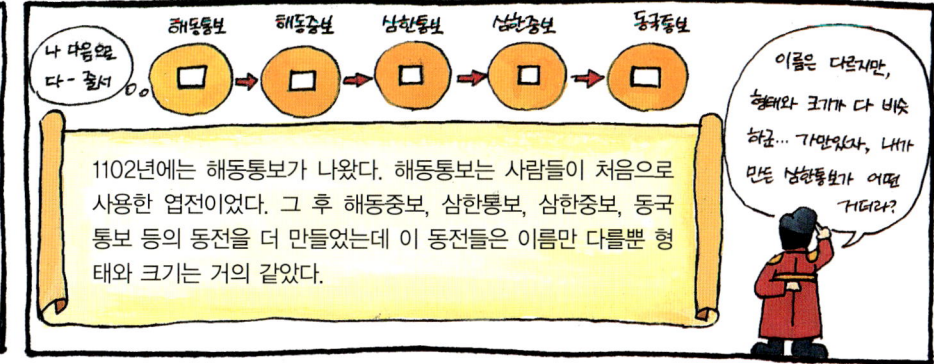

주화는 중국의 주화 모양을 비슷하게 본떠 만들었어요. 당시 고려는 이미 천 년 이상 동전을 사용해 왔던 송나라와 활발한 무역을 하였으므로 고려는 새로운 화폐를 만들 때 송나라 동전의 영향을 받게 되었지요. 기록에 따르면 고려는 해동통보 1,500만 개를 만들어 관리와 군인들에게 녹봉으로 지급했다고 해요.

 제4관 조선 시대관의 문에는 경복궁의 웅장한 모습이 새겨져 있었다. 길동이를 포함한 열 명의 아이들이 그 앞에 서자 육중한 궁궐문이 서서히 열렸다.
 옆에서 걸어가던 남자 아이가 길동이를 보면서 "아자 아자!" 하고 작게 외쳤다. 길동이도 그 친구에게 주먹을 꽉 쥐어 보이면서 "화이팅!" 했다.
 안으로 들어가자 커다란 스크린이 있었다. 가운데 왕이 있고 그 아래 신하들이 줄을 맞춰 길게 늘어선 모습이 그려져 있었다.
 "제4관에 오신 어린이 여러분, 반갑습니다. 조선 시대관에서는 더 다양하고 발달된 시장의 모습을 볼 수 있습니다. 이번에 필요한 암호는 네 개이며 단서는 '시전 상인의 독점권' '지방의 행상' '새로운 학문' '개항을 이끈 조약' 입니다. 고려관에서와 마찬가지로 암호를 맞추면 다음 상황으로 자동적으로 이동합니다."
 길동이가 안경을 쓰자, 왕과 신하 그림이 사라지고 커다란 화면이 터널로 바뀌었다. 초록색, 주황색 불빛이 두 줄로 길게 늘어선 터널을 빠른 속도로 지나갔다. 천장이 휙휙 지나면서 마치 놀이기구를 탄 것처럼 아찔했다.

제4관 조선 시대관

제4관

산과 들판에 하얀 눈이 쌓여 있고 찬 바람이 쌩쌩 부는 겨울, 아이들이 얼음판에서 신나게 놀고 있었다. 멋진 썰매장도 근사한 스키장도 아닌 꽁꽁 언 개울물이었지만 아이들은 신이 났다. 아이들은 편을 갈라 눈싸움도 하고, 미끄럼도 타고, 팽이도 돌렸다. 한 아이가 노래를 시작하자 모두 큰 소리로 합창을 했다.

"까치 까치 설날은 어저께고요, 우리 우리 설날은 오늘이래요."

한참을 놀다 보니 길동이는 손발이 꽁꽁 얼고 귀와 볼이 빨개지고 배가 고팠다. 그때 삼돌이가 말했다.

"야, 배고프다. 우리 집에 가서 고구마 구워 먹자."

아이들은 환호성을 지르며 우르르 삼돌이네 집으로 몰려갔다. 며칠 후면 설날이어선지 사람들이 분주하게 오가고 마을이 소란스러웠다. 아이들이 신나게 놀고 있는데 삼돌이 아버지가 나오셨다.

"삼돌아, 장 보러 가자."

"싫어요. 아이들이랑 놀고 싶어요."

때를 놓칠세라 길동이가 얼른 나섰다.

"아저씨, 제가 따라가면 안 될까요?"

"삼돌이 녀석이 싫다니 하는 수 없지. 그러렴."

길동이는 삼돌이 아버지를 따라 북적거리는 장터를 돌아다녔다. 어떤 할아버지는 곡식 자루를 안고 나왔고, 걸망을 진 아저씨가 길동이 곁을 지나갈 때는 향긋한 약재 냄새가 났다. 삼돌이 아버지는 집에서 짠 삼베를 팔려고 삼베 가게로 갔다.

그런데 저쪽에서 우락부락하게 생긴 털보 아저씨가 화난 얼굴로 큰 소리를 지르며 행패를 부리고 있었다. 털보 아저씨가 뭔가를 빼앗으려고 하자, 비쩍 마른 아저씨는 울면서 보통이를 붙들고 늘어졌다.

"아이구, 제발 한 번만 봐 주세요. 애들 엄마가 몹시 아픕니다. 미음이라도 쑤어 먹일 쌀을 구하러 온 것이니 용서해 주세요."

"여기에서 함부로 장사판을 벌이면 법을 어기는 짓인 줄 모른단 말이야?"

불쌍한 아저씨가 질질 끌려갔다. 털보는 아저씨를 두들겨패더니 삼베를 빼앗고 계란은 땅바닥에 던져 버렸다. 아저씨는 땅바닥에 주저앉아 서럽게 울었다.

"아이고, 난 이제 어쩌면 좋단 말인가? 병든 아내 약 한 첩 못 사 먹이니 죽이라도 쑤어 먹이려고 흑흑……. 집에 있는 것이라곤 아내가 짠 삼베 세 필과 계란 두 꾸러미가 전부라서 그걸 들고 여기까지 달려왔는데 흑흑……."

옆에 있던 사람들도 혀를 끌끌 찼다.

"아저씨, 왜 사람들이 구경만 하고 있어요? 저 나쁜 아저씨가 약한 아저씨 것을 빼앗아 가잖아요."

"어쩔 수 없단다. 삼베를 빼앗은 사람은 시전 상인인데, 여기에서 물건을 팔면 시전 상인이 빼앗아가도 된다고 법으로 정해져 있어."

"무슨 그런 법이 다 있어요? 도둑질하는 것도 아니고 자기 물건 가져와서 파는데 왜 안 된단 말이에요?"

"시전 상인들은 국가에 세금을 내고 필요한 물건을 대 주는 조건으로 여기에서는 자기들만 물건을 팔 수 있는 독점권을 보장 받았단다. 그걸 금난전권이라고 하지."

길동이는 울적한 마음으로 조그맣게 말했다.

"시전 상인의 독점권은 금난전권!"

시전 상인은 독불장군이래요.

유학의 영향을 받은 조선은 상업과 수공업을 천시했고, 곧 상업은 국가에서 관리하고 운영하게 되었어요.

국가는 한양에 상설 점포인 '시전'을 설치했어요. 고려 시대 때 개성에 있던 시전과 같은 성격을 갖는 장이었지요.

시전 상인들 이외에 다른 사람은 이곳에서 맘대로 장사를 할 수 없었어요. 시전 상인들은 상세를 내고 국가에 필요한 물품을 대 주는 대신, 국가의 보호를 받으며 물품 판매의 독점권을 얻었어요. 특히 가장 규모와 세력이 큰 여섯 종류의 시전을 일컬어 육의전이라 했어요.

1900년대 초의 시장 모습

조선 후기에 들어오면 물건을 들고 다니며 파는 행상이 늘어나게 됩니다. 그런데 시전 상인들은 행상들의 상행위를 방해했어요. 한양에 들어오는 행상 중 자신들에게 물품을 사고팔지 않는 행상이 있으면 물건을 빼앗거나 관리에게 고발할 수 있었거든요. 이러한 시전의 권리를 '금난전권'이라고 해요. 나라에서도 일반 상인들을 난전이라 부르며 억압했어요.

금난전권으로 상업 활동을 제약했지만, 그렇다고 해서 시전 상인만 장사를 하는 것은 아니었어요. 지방에서 서울로 물건을 팔러 오는 상인도 있었고, 골목을 다니며 생선이나 빗 따위를 파는 상인들도 있었지요.

시전 상인들은 백성들이 양식을 마련하려고 가져 온 삼베 한 필까지도 턱없이 싼값에 팔라고 강요했어요. 그리고 거절하면 난전이란 이유로 물건을 강제로 빼앗아갔지요.

사상(일반 상민)들은 시전 상인의 횡포를 피해 동대문, 남대문, 종로 부근에서 장을 열기 시작했고, 자유상가가 생기기 시작했어요. 사상들은 시전 상인들처럼 앉아서 사람들을 기다리지 않고 직접 생산지에 가서 필요한 물건을 사 와서 판매했어요.

사상들은 적극적으로 장사에 나섰기 때문에 시전 상인들을 물리치고 한양에서 최고 자리를 차지하게 되었어요. 그러나 이 과정에서 물건을 대량으로 사재기한 상인이 물건을 비싸게 내놓으면서 문제가 발생하기도 했어요. 특히 특정 물건의 가격이 오를 것을 예상하고 그것을 한꺼번에 사 둔 후 비싸게 파는 매점매석이 시장의 자유로운 경쟁 체제를 무너뜨리기 시작했어요.

웅성대는 소리에 정신을 차려 보니 고을 관청 앞이었다. 길동이는 목을 죽 빼고 관가 안을 들여다보았다. 가운데 높은 의자에 사또가 앉아 있고, 아래에는 걱정이 가득한 얼굴을 한 남자가 서 있었다. 관가 입구에는 구경꾼들이 삼삼오오 모여 수군거리고 있었다.

"사또 나리, 제발 제 비단을 찾아 주십시오."

"무슨 일인지 자세한 사정을 이야기해 보거라."

"저는 비단을 팔러 다니는 봇짐장수입니다. 재산을 몽땅 털어서 한양에 가서 비단을 샀습니다. 안성장에 가서 비단을 팔아 돈을 벌 생각을 하니 무거운 줄도 모르고 부지런히 걸었습니다. 더운 날씨에 무거운 비단을 지고 가자니 땀은 줄줄 흐르고 몹시 지쳤지요. 그래서 소나무 그늘 아래서 땀을 식히고 가려고 장승 아래에 비단 봇짐을 내려놓고 앉았지요. 그런데 그만, 그늘 아래서 잠이 들고 말았습니다. 아, 눈을 떠 보니 비단이 온데간데 없이 사라져 버리고 만 것입니다. 근처를 아무리 찾아보아도 찾을 수가 없었습니다. 사또 나리, 제발 저를 도와주세요."

봇짐장수는 땅바닥에 털썩 주저앉아 흐느꼈다.

"네가 비단을 내려놓고 나무 아래에서 쉴 때 만났던 사람이 있느냐?"

"아무도 만나지 못했습니다. 장승만 서 있을 뿐 사람은 그림자도 보지 못했습니다."

"여봐라! 장승을 재판할 테니 잡아 오너라."

나졸들은 사또의 엉뚱한 명령에 놀랐다. 하지만 사또의 명을 어길 수가 없어서 장승을 잡아 왔다. 사또는 밧줄로 꽁꽁 묶인 장승을 보고 큰 소리로 말했다.

"장승 네 이놈! 넌 봇짐장수가 자고 있을 때 비단을 훔쳐 간 도둑을 보았을 것이니 사실대로 말하여라."

어리둥절하고 있던 구경꾼들은 이 모습을 보고 킥킥대기 시작했다.

"어서 말하래도 왜 대답이 없느냐? 여봐라! 저 장승이 사실을 말할 때까지 저놈을 매우 쳐라."

사또의 명령이라 어찌지 못하고 나졸들이 장승을 내리치자 곤장이 뚝 부러졌다. 구경하던 사람들은 더 이상 참지 못하고 웃음을 터뜨렸다. 길동이도 깔깔 웃었다.

"여봐라! 지금 웃고 있는 자들을 모두 잡아 가두어라. 백성의 억울한 사정을 풀어 주려고 재판하는 사또를 비웃다니 용서할 수 없다."

사람들은 깜짝 놀랐다.

"사또 나리, 잘못했습니다. 제발 용서해 주십시오."

"도둑을 잡으려고 애쓰는 한 고을의 수령을 모욕한 죄는 용서할 수 없다. 그러나 비단 한 필씩을 내일 아침까지 바치면 용서해 주겠노라."

길동이는 어린 아이라서 다행히 용서를 받고 나왔다.

다음 날이 되자 길동이는 다시 관가로 갔다. 마을 사람들은 비단을 한 필씩 가지고 와서 사또에게 바쳤다. 사또가 다시 재판을 시작했다.

"비단장수 김씨는 사람들이 가져온 비단을 잘 살펴 보거라. 이 비단이 네가 잃어버린 비단이 맞느냐?"

"네, 사또 나리. 분명 제 비단이 맞사옵니다."

사또는 사람들을 불러 물었습니다.

"너희들은 이 비단을 어디서 구해 왔느냐?"

"아랫마을 비단 가게에서 사 왔습니다."

"여봐라! 지금 당장 가서 그 비단 가게 주인을 잡아 오도록 하라."

비단 가게 주인은 결국 도둑질한 비단과 사람들에게 받은 비단 값까지 몽땅 내놓았

전국 장터를 누비는 등짐장수, 봇짐장수

조선 전기의 지방 상업은 주로 행상이 담당했어요. 행상은 육로를 이용한 육상과 뱃길을 이용한 선상으로 구별되어요. 행상이 성장하면서 한양을 중심으로 한 상품 거래는 더욱 확대되고, 한양은 상업 도시로 자리를 잡아 갑니다. 당시 육상은 주로 가볍고 적은 양의 생활필수품을, 선상은 곡물이나 수산물, 소금 등을 팔았어요

고려 시대부터 시작된 장시는 조선 시대에 이르러 5일 만에 장이 서는 5일장으로 자리를 잡았어요. 장이 서는 날에는 수공업자들이 자신이 만든 물건을 내다 팔기 위해 나왔어요. 물건을 사고파는 일이 잦아지면서 사람들은 돈이 옷감이나 쌀보다 더 편리하다는 것을 깨달았어요. 농촌 지역에서도 장시가 발달해서 18세기 초에는 전국에 1,000여 개의 장이 섰어요. 그 중에 큰 장은 때와 관계 없이 물건을 판매하는 상설 시장으로 자리 잡았어요.

행상은 장날의 차이를 이용하여 전국의 장시를 돌아다녔어요. 행상을 보부상이라고도 하는데 보부상은 봇짐장수인 보상과 등짐장수인 부상을 합쳐 부르는 말이었어요. 부상은 소금이나 건어물, 미역, 무쇠로 만든 물건 같은 부피가 크고 무거우며 값이 싼 물건들을 팔았어요. 반면, 보상은 주로 옷감, 종이, 바늘, 빗 등 부피가 작고 가벼우며 비싼 물건들을 팔았어요. 보부상들은 자신들의 이익과 단결을 위해서 보부상단이라는 조합까지 만들 만큼 규모가 커지기도 했어요.

1900년대 초 짚신을 팔러 다니는 보부상의 모습입니다. 등짐장수인 부상은 나무 그릇, 토기 같은 일용품을 지게에 지고 다니면서 판매했어요. 반면 봇짐장수인 보상은 문방사우, 금·은·동 제품 같이 가격이 비싸고 가벼운 상품들을 보자기에 싸서 들거나 머리에 이고 다니며 팔았어요. 그러고 보면 사진 속 지게를 진 남자는 부상이라고 할 수 있겠지요.

다. 길동이는 그제서야 사또가 장승에게 곤장을 때린 이유를 알았다. 현명한 사또 덕분에 비단장수는 비단을 찾게 되었다. 비단장수는 사또에게 수없이 감사 인사를 한 후, 장날에 맞추기 위해 서둘러 길을 떠났다. 길동이는 비단장수 아저씨를 따라갔다.

"아저씨, 안성장으로 가신다고 하셨죠? 저도 데려가 주세요."

"나는 갈 길이 멀고 바쁘다. 안성장이 끝나면 또 천안장으로 가야 하고, 계속 장날을 맞춰서 전국을 돌아다니는 장돌뱅이니 너 같은 어린 아이를 데리고 다닐 수 없단다."

"제발 안성장까지만 데려가 주세요."

길동이를 물끄러미 보던 아저씨는 고개를 끄덕이더니 앞장 서 걷기 시작했다.

"아저씨! 시골 장에는 아저씨 같은 분들이 많이 있나요?"

"당연하지. 곡식, 농기구, 소금, 항아리 파는 행상부터 종이, 빗, 장신구 파는 행상까지 필요한 물건은 없는 거 빼고 다 있단다."

"시골에서는 아저씨들이 오는 날을 손꼽아 기다리겠네요."

"암, 그렇고 말고. 우리는 5일장이 서는 곳이면 전국 방방곡곡 어디든지 간단다."

"히히, 그런데 왜 아저씨를 봇짐장수라고 불러요?"

"내 모습을 보면 모르겠니? 비단을 보자기에 싸서 질빵으로 지고 다니니까 그렇지. 소금이나 옹기처럼 크고 무거운 물건은 지게에 실어 등에 지고 다니니까 그런 사람들은 등짐장수라고 부르는 것이지. 둘을 합쳐 보부상이라고 부르기도 한단다."

길동이는 정신이 번쩍 들어서 암호를 외쳤다.

"조선 시대 지방 행상은 보부상!"

"청나라 사신 일행에 역관으로 따라갔던 변부자 동생이 돌아왔다는구먼."

"이번엔 또 어떤 희귀한 물건들을 가져 왔는지 구경 가세."

길동이는 사람들을 따라 변부자네 집으로 향했다. 길동이도 이젠 사람들이 몰려 있는 곳으로 가는 것이 암호를 푸는 지름길임을 깨달았다.

보너스

역관이 최고 부자가 된 까닭은?

역관은 고려 말기와 조선 시대에 통역을 도맡은 관리를 말합니다. 역관은 사신을 따라 외국에 갔는데 이 기회를 이용해 큰돈을 벌었어요. 예를 들어, 청나라에 갈 때는 인삼 80근까지 가져갈 수 있도록 나라에서 허용했으므로 인삼을 가져다 팔고 대신 비단과 책 따위를 사왔어요.(인삼 80근이면 은이 2000냥으로 쌀 수천 석을 살 수 있는 큰돈이죠.) 역관은 이렇게 사 온 비단과 책을 한양은 물론, 일본 사람들이 많이 사는 왜관으로 가져가 비싸게 팔고 큰 몫을 챙겼습니다. 이 때문에 장사하는 상인을 제치고 역관이 한양에서 제일 가는 부자가 되었지요.

보너스

양반도 장사를 해야 합니다 - 북학파 실학자

임진왜란과 병자호란으로 조선은 큰 변화를 겪습니다. 오랜 전쟁으로 백성들의 생활은 더욱 어려워졌고, 나라를 다스리는 왕과 양반층에 대한 불만도 커집니다. 조선 제22대 임금 정조는 부국강병을 주장하는 젊은 실학자들을 믿고 후원합니다. 실학자들은 크게 둘로 나뉘는데, 농업 발전에 역점을 둔 중농파와 상공업 육성을 강조한 북학파가 그것입니다. 특히 박제가, 박지원, 홍대용 등의 북학파는 청나라의 선진 문물을 배워 나라 살림을 부유하게 해야 한다고 주장했습니다.

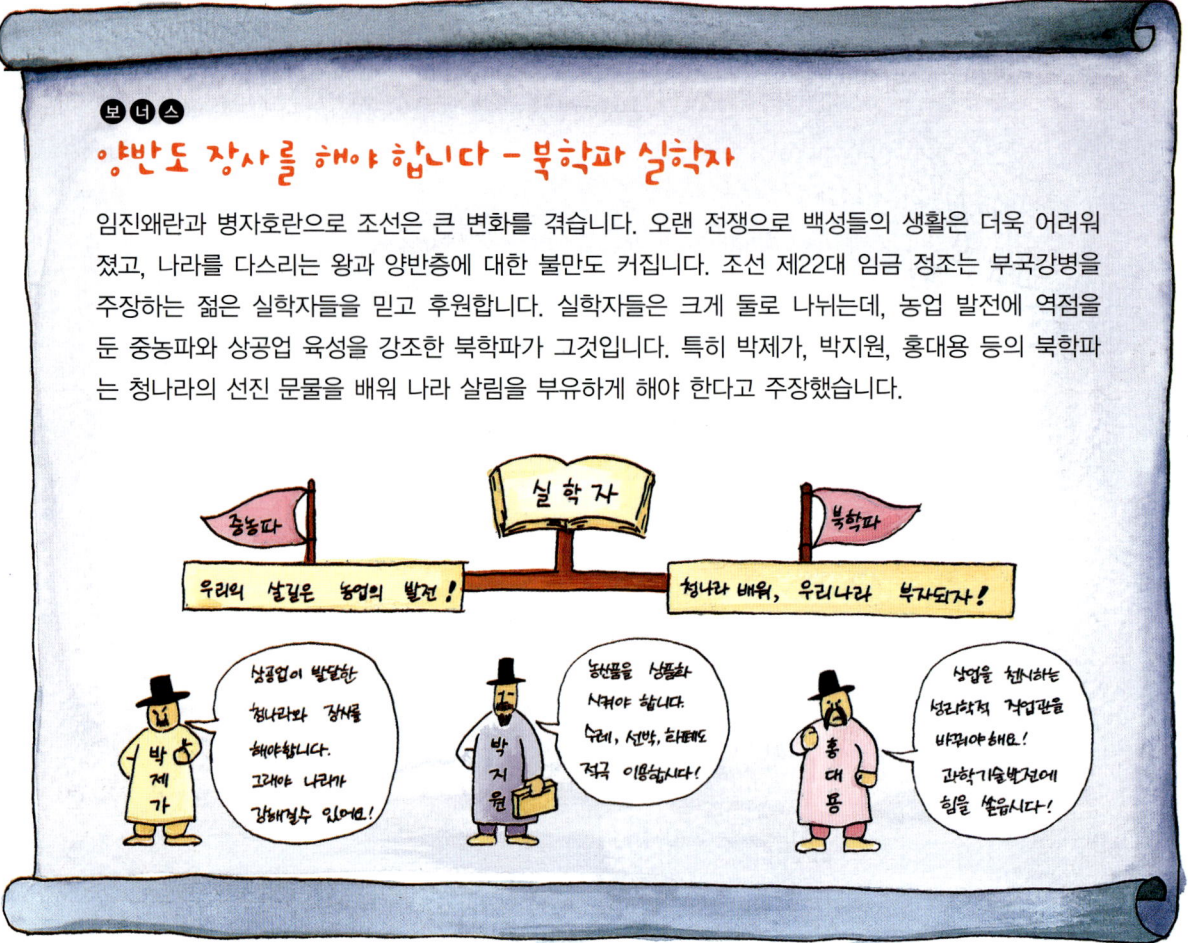

마당 가운데 짐이 잔뜩 쌓여 있고 사람들이 구경하러 몰려들었다. 길동이도 무슨 구경거리인가 해서 사람들 사이로 고개를 내밀었다. 비단과 책이 보였고 약 냄새가 나는 보퉁이도 보였다.

"거, 비단 빛깔 한번 곱구먼."

"저 책은 대체 무슨 책일고?"

사람들은 각자 관심 있는 청나라 물건을 보면서 입에 침이 마르게 칭찬들을 늘어놓았다.

"이리 오너라!"

낡고 초라한 옷차림을 한 선비 한 사람이 변부자네 대문 앞에서 큰 소리로 외쳤다. 모여 있던 사람들의 관심이 그쪽으로 쏠렸다.

변부자가 뛰어나왔다. 변부자는 선비의 옷차림을 슬쩍 훑어보더니 실망하는 눈치였다.

"빌려 가신 돈 만 냥을 전부 날리신 모양입니다."

"빌렸던 돈에 이자까지 계산해서 여기 십만 냥 있습니다."

변부자는 깜짝 놀라서 머리를 조아렸다.

"제가 어르신을 몰라 뵙고 큰 실수를 했습니다. 안으로 드시지요."

"볼일을 다 보았으니 난 그만 가 보겠소이다."

"아니, 이렇게 서둘러 가시면 제가 너무 섭섭합니다."

그 모습을 지켜보던 길동이는 조그만 목소리로 옆에 있는 아저씨에게 물었다.

"변부자가 쩔쩔 매는 저 사람은 누구죠?"

"허생이라는 선비이시다."

"그런데 왜 허생이란 분은 변부자에게 저렇게 큰돈을 주는 거지요?"
"예전에 깐깐한 변부자가 허생에게 아무 조건 없이 선뜻 만 냥이란 큰돈을 빌려 주었지. 그래서 변부자가 이상해졌다는 소문이 자자했는데, 그 돈을 열 배로 받았으니 변부자 사람 보는 눈이 보통이 아닌 게지."
"허생이란 분은 선비라면서 어떻게 그런 큰돈을 버셨대요?"
"나도 들은 얘기다만, 빌린 돈 만 냥으로 안성에서 과일을 닥치는 대로 샀다는구나. 당연히 사람들은 과일을 사지 못해 난리가 났고, 가격이 열 배로 오르자 과일을 팔아 큰 이익을 남겼대. 또 제주도로 가서 망건 만드는 말총을 모조리 사들였다가 열 배로 오르자 팔아서 돈을 많이 벌었다지, 아마."

> **박지원과 〈허생전〉**
>
> 박지원(1737-1805)은 정조 임금 때의 유명한 문장가이며 실학자입니다. 박지원이 청나라를 다녀와 지은 《열하일기》는 양반 사회에 큰 충격을 주었어요. 그는 이 책에서 청나라를 야만족이라 무시하는 성리학자들을 비판하고, 발달된 청의 제도와 학문을 받아들여야 한다고 주장했어요. 또 비슷한 시기에 소설 〈허생전〉을 발표해서, 상업을 천시하는 조선 사회의 그릇된 생각을 꼬집었어요. 가난한 선비 허생이 큰돈을 버는 이야기를 통해, 박지원은 상업이 나라의 근본을 흔들 만큼 중요하다는 것을 보여 주었어요. 박지원은 뛰어난 문장력으로 실학사상을 전파한 조선 최고의 학자로 지금까지 영향을 미치고 있어요.

"그건 좋은 방법이 아닌 것 같아요."
길동이는 고개를 갸우뚱했다. 그 때 등 뒤에서 "네 말이 맞다." 하는 소리가 들렸다. 바로 허생이었다. 허생은 빙그레 웃으며 말했다.
"네 말대로 장사는 그렇게 해선 안 되지. 나는 다만 상업을 우습게 여기는 조정 양반들에게 상업이 얼마나 중요한지 알려주고 싶었단다. 이제는 공부하는 선비들도 실학을 해야 할 때인데……."
"그렇게 깊은 뜻이^^;; 그런데 실학이 뭐예요?"
"실학이란 백성들의 살림살이에 실제 도움이 되는 새로운 학문을 말한단다."
순간 길동이의 눈이 반짝였다. 암호를 찾아낸 것이다.

"조선의 새로운 학문은 실학!"

길동이는 눈을 뜨고 머리를 흔들었다. 마치 놀이기구를 타고 내렸을 때처럼 발이 바닥에서 둥둥 뜨는 기분이었다.

길동이가 서 있는 곳에는 일본 옷을 입은 사람들이 북적거렸다. 일본식 집들이 늘어서 있고 우체국과 병원 건물도 보였다. 요리점에서 식사하는 가족들의 모습도 눈에 띄었다. 눈이 휘둥그레진 길동이는 상황을 파악하려고 주변을 두리번거렸다.

'도대체 여기가 어디지? 바다 건너서 일본까지 온 걸까?'

산 넘어 산이라더니, 이제 말까지 안 통하는 낯선 나라 일본까지 왔다고 생각하자 막막했다. 도대체 여기에서 뭘 할 수 있을까?

'호랑이한테 물려가도 정신을 차리라고 했지. 고지가 바로 저긴데 여기까지 와서 내가 절대로 포기할 수 없지. 마지막 단서가 뭐였더라. 음, 개항! 가자, 저 높은 곳 개항을 향해 나 길동이는 간다!'

길동이는 힘차게 팔을 뻗었다. 용기를 내어 길을 따라 한참 걷는데 저 앞에 한복을 입은 사람이 보였다. 길동이는 반가운 마음에 뛰어갔다.

"아저씨, 아저씨, 사람이죠? 맞죠?"

"별 정신 나간 녀석 다 보겠네. 그럼 네 눈엔 내가 귀신으로 보이냐?"

길동인 아저씨를 덥석 안고 눈물을 글썽였다.

"아저씨, 너무 반가워요. 정말 감사해요."

아저씨는 이상하다는 표정으로 흠칫 뒤로 물러섰다.

"아저씨, 저 멀쩡해요. 바글바글한 일본 사람들 속에서 우리 조선 사람을 만나니까 너무 반가워서 그래요."

아저씨는 그제서야 안심하는 표정으로 웃었다.

"아, 이 녀석아! 여긴 일본 개항장이니까 당연하지."

"제 말이 그 말이에요. 이 낯선 일본 땅에서 우리나라 사람을 만나니까 얼마나 좋은지 모르겠어요."

아저씬 다시 의심스런 표정으로 고개를 갸웃했다.

"넌 또 그게 무슨 소리냐? 일본인들이 아무리 여기에서 장사를 하고 건물을 짓고 마음대로 활개를 치고 다니긴 하지만, 여긴 분명히 조선 땅이지."

"예? 그럼 여기가 일본이 아니란 말이에요? 휴우, 깜짝 놀랐네. 그런데 왜 우리 조선 땅에서 일본인들이 자기 마음대로 하는 거예요?"

"아, 그 망할 놈의 강화도 조약인가 뭔가 때문에 울며 겨자 먹기로 일본 놈들에게 부산, 원산, 인천 세 항구를 열어 준 거 아니냐? 그러곤 여기 부산에 맨 먼저 개항장이 설치되었지."

"안 주면 그만이지 달란다고 주나요?"

"큰 배를 몰고 와서 대포를 쏘아 대는데 누군들 별 수 있겠냐? 일본 놈들이 미리 준비해 온 조약서에 도장을 꽝 찍어 주고 말았지. 이제 일본만 살판 났지."

길동이는 조선을 식민지로 만들려는 일본의 작전이 이 때부터 벌써 시작되었음을 알 수 있었다. 일본은 총과 대포를 앞세워서 조선의 경제부터 야금야금 삼키기 시작한 것이다.

길동이의 마음이 급해졌다. 이렇게 시작하여 일본은 도대체 어떤 작전으로 조선을 꿀꺽 집어삼키게 된 것일까? 빨리 다음 근대관으로 갈 마음에 길동이는 암호를 급하게 외쳤다.

"개항을 이끈 조약은 강화도 조약!"

보너스
무역을 할수록 손해라니!

강화도 조약으로 개항장이 생긴 뒤, 일본과의 무역량이 크게 늘었습니다. 외국과 무역을 할 때는 나라에서 세금(관세)을 물리지요? 하지만 이 때는 '두 나라의 수입, 수출 상품에는 세금을 물리지 않는다'는 조항에 따라 관세를 매기지 않았어요.

서로 세금을 물지 않으니 매우 합리적이고 공평한 것 같지요? 하지만 일본의 수출품이 더 많은 상태에서 이익을 보는 건 당연히 일본이지요. 더구나 일본은 공장에서 기계로 찍어 낸 면직물을 수출하고 쌀, 콩 등 농산물을 수입하는 바람에, 조선은 식량이 부족하고 공업 발전이 멈추는 폐단이 나타났어요.

근대 지식인 유길준이 《서유견문》에서 했던 다음과 같은 말을 보면 문제점을 확실하게 알 수 있습니다.

형아, 일본놈들이 정신 차렸나봐. 앞으로는 조선으로 수출하는거랑, 조선에서 수입하는것 모두 세금안내기로 했대. 공평하겠지?

쭉지말라고! 일본은 공산품을 수출하지만, 우리는 쌀을 수출하잖아. 이것좀 읽어봐!

"일본이 조선에 수출하는 상품은 기계로 만든 것이어서 무제한 만들 수 있다. 그러나 조선이 일본에 수출하는 농산물은 땅에서 나오는 것이라서 한계가 있다. 두 나라의 무역이 늘어나면 늘어날수록 조선에는 남아나는 물건이 하나도 없게 될 것이다." - 유길준

강제로 나라의 문을 열다 - 강화도 조약

1875년 9월 20일 일본 군함 운요호가 강화도 동남쪽으로 접근해 왔어요. 외국 군함이 아무 예고도 없이 다가오자, 우리나라는 배를 향해 포를 쏘았어요. 그러자 일본 군함에서도 초지진의 우리 군대를 향해 맹렬하게 대포를 발사했어요. 일본군의 신식 대포는 조선의 구식 대포와 비교도 되지 않을 만큼 성능이 좋았어요.

그러나 조선군은 완강하게 맞서 싸웠어요. 그러자 일본은 방어 시설이 없는 인천 영종진(영종도)으로 방향을 돌려 포격을 하고 육지에 상륙했어요. 영종진에는 우리나라 사람 6백여 명이 있었는데, 일본 군의 갑작스런 공격으로 이들 중 35명이 죽고, 16명이 포로로 잡혀갔어요.

그러나 적반하장격으로 일본은 운요호 사건의 책임을 묻겠다고 했어요. 결국 우리측의 윤자승, 홍대중, 강위 등은 군대를 앞세운 일본의 전권대신 일행과 회담을 가졌어요.

일본은 미리 준비한 13개 항의 조약안을 내놓고 열흘 안에 답을 안 하면 외교 관계를 끊을 것이라고 협박했어요. 게다가 때마침 청나라도 국서를 전해 왔어요.
'조선이 일본과 조약을 맺으면 전쟁을 피할 수 있으나, 만약 그렇지 않을 경우 어떤 일이 일어나도 청은 책임을 지지 않겠다'
조선을 협박해 이익을 나누기로 일본과 청이 미리 짰던 거예요.
조선 정부는 어쩔 수 없이 개항을 결정하였어요.

역사의 현장, 강화도 초지진

조선은 조약의 여러 조항에 불만이 많았지만 결국 거의 대부분 일본의 요구대로 통과되었어요. 강화부 연무당에서 조약에 도장을 찍은 이 조약은 조일수호조규 또는 강화도 조약이라고 부른답니다.
강화도 조약은 우리가 외국과 맺은 최초의 근대적 조약이며 반강제로 맺은 불평등 조약이었어요. 욕심이 지나치게 많았던 일본은 늘 식민지를 갖고 싶어했고 강화도 조약으로 인해 우리는 그 첫 번째 먹이가 된 겁니다.

조선으로 몰려드는 외국 상인들

조선 바다에 낯선 배가 나타나자 사람들은 배 모양이 이상하다며 '이양선'이라고 불렀어요. 배를 타고 온 서양인들은, 중국과 일본은 통상을 승인했는데 너희는 왜 안 하냐며 통상을 요구했지요.

공장에서 대량 생산을 하던 서양은, 값싼 물건을 팔아서 우리의 산업 성장을 막고 헐값에 원료를 가져 가려는 속셈이었어요. 우리는 쇄국정책을 폈지만 힘에 눌려 우리의 뜻을 굽힐 수밖에 없었어요. 일본과 강화도 조약을 맺고 강제로 나라의 문을 열게 된 것입니다.

조선은 할 수 없이 인천, 부산, 원산을 개항했고, 거기엔 일본인 거주지도 마련되었어요. 우리 땅이지만 모든 권한은 일본이 쥐고 있었지요. 농산물 수출로 재미를 본 지주들은 농민 몫까지 챙겨 이익을 남겼고 그 돈으로 비싼 외국제 사치품을 샀어요. 소수의 지주를 뺀 일반 백성들은 더욱 살기가 힘들어졌지요.

1885년 이후에는 일본과 중국 상인들이 서울에 진출했어요. 1889년에는 중국 상인과 일본 상인 6백여 명이 서울에 들어와 서울 상인들을 위협하는 사건도 발생했어요. 결국 수많은 서울 시전 상인들이 상점 문을 닫고 시위를 벌였어요.

일반 시민들까지 시위에 가담해 사건이 커지자 정부가 나섰어요. 정부는 외국 상인들을 철수시키겠다고 약속했어요. 그렇지만 약속은 잘 지켜지지 않았고 일본, 청, 영국, 미국 등 외국 세력들이 조선 경제를 좌우하기에 이르렀지요.

개항 이후 조선의 무역량은 10배나 증가했고, 일본이 최대 무역국이 되었어요. 일본 상인들은 면직물을 갖고 와서 조선에 팔고 조선의 쌀을 싼값에 일본으로 가져갔어요. 우리나라의 식량 사정은 고려하지도 않고 닥치는 대로 곡물을 사들이는 바람에, 조선에서는 식량이 바닥나고 물가가 폭등했어요.

이러한 상황에서 '활빈당(빈민을 살리는 도적)'이라는 이름을 가진 의적 집단이 나타났어요. 활빈당은 외국 상인이 조선에 들어와 이익을 챙기는 것에 반발하고, 부정하게 재산을 모은 양반이나 탐관오리 등을 습격했어요. 이들은 부자의 재물을 빼앗아 가난한 이들에게 나눠 주기도 했지요. 또 일본 상인들을 습격해 물건을 빼앗는 항일 운동도 했답니다.

길동이와 일곱 명의 아이들이 제5관 앞에 섰다. 문과 벽에는 쉽게 알아볼 수 없을 만큼 검고 어두운 그림이 그려져 있었다. 다가가서 자세히 살펴보니 뭔가를 가득 실은 기차였다. 기차 뒤쪽으로 현대적인 건물이 있고, 그 옆으로 언덕 아래 작은 움집이 다닥다닥 붙어 있었다. 기차 문이 열리고 아이들이 안으로 들어갔다.

"제5관은 일본이 우리나라를 통치하던 시대입니다. 식민지 시대 우리 농촌과 도시의 생활 모습은 어떠했는지 볼 수 있습니다. 암호는 두 개입니다. 첫 번째 단서는 '일제의 토지 정책', 두 번째 단서는 '우리나라 대표 백화점' 입니다."

제5관 근대관

길동이는 약간 높은 언덕 위에 있었다. 발 아래로 추수를 끝낸 넓은 들판이 펼쳐져 있었다. 끝없이 펼쳐진 들판을 보니 가슴이 펑 뚫리는 듯 후련했다. 그런데 이상하게 들판 여기저기에 말뚝과 깃발이 세워져 있었다.

그 때, 권총을 찬 사람들이 올라오는 모습이 보였다. 길동이는 얼른 바위 뒤로 몸을 숨겼다. 그들은 망원경을 꺼내 들판을 둘러보고 손가락으로 가리키면서 알아들을 수 없는 말을 지껄였다. 길동이는 그들이 일본인이라는 걸 직감적으로 느꼈다.

길동이는 몰래 그 일본인들을 따라갔다. 그들은 어떤 논으로 가더니 말뚝을 박고 깃발을 세웠다. 그러고는 이상한 기구로 땅을 잰 다음 새끼줄을 빙 둘러쳤다. 길동이는 그들의 수상한 행동을 지켜보면서 뭘 하는지 궁금했다. 그런데 길동이와 열 발자국쯤 떨어진 곳에서 한 농부가 논바닥에 쓰러져서 흐느끼고 있었다.

"아저씨, 왜 여기에서 이러고 계세요?"

"아이고, 이런 억울한 일이 어디 있단 말이냐? 옛날 조상 때부터 우리 것이었던 땅을 하루아침에 빼앗기다니……."

"누구한테 땅을 빼앗기셨는데요?"

"일본 놈들이 갑자기 토지 조사인지 뭔지 한다고 무슨 신고를 하라더구나. 그런데 이 땅은 우리 집안 대대로 내려오는 땅이고 내 개인 것이 아니라서 신고를 할 수가 없었지. 그랬더니 일본 놈들이 신고를 안 했다고

이 논은 일본 총독부 땅이라지 뭐냐?"

"정말 억울하네요. 아저씨는 이제 어떻게 해야 되나요?"

"땅 한 뙈기 없는 거지가 되었으니 살 길을 찾아 고향을 떠나기로 했단다. 마지막으로 흙이나 한번 만져 보려고 왔는데 너무 억울해서 참을 수가 없구나."

농사일로 굳어진 울퉁불퉁한 손으로 흙을 쓰다듬는 아저씨를 보니 길동이는 가슴에서 분노가 울컥 치밀었다.

"아저씨, 이 논을 되찾을 방법이 없을까요?"

"일본 놈들이 빼앗을 작정을 하고 토지 조사 사업이란 것을 벌였는데 무슨 방법이 있겠냐? 이런 꼴을 당한 사람이 나뿐만이 아니다."

"그런 억울한 일을 당한 사람들이 더 있단 말씀이세요?"

"그렇다마다. 글을 몰라 신고를 못한 옆집 칠갑이네도 졸지에 빈털터리가 됐고, 돌석이네는 소작권을 빼앗기고 만주로 떠났단다."

길동이는 나라를 빼앗긴 백성의 슬픔을 느꼈다.

# 토지 조사 사업과 땅을 잃은 농민들

일제는 근대적 토지 소유 제도를 확립한다면서 1910년부터 1918년까지 토지 조사 사업을 실시했어요. 총독부는 토지의 소유와 권리를 확실히 해서 세금 부담을 공평하게 하고, 생산량도 늘리기 위한 정책이라고 했지요. 하지만 그 결과 이익을 본 것은 일제와 소수의 지주들뿐이었어요.

농사짓는 농토의 경우 토지에 대한 지주들의 소유권만 인정하고, 그 땅을 일구던 농민이 갖고 있는 도지권(토지를 영원히 소작할 수 있는 권리)은 인정하지 않았어요. 결과적으로 지주들은 땅이 늘어나는 반면, 농민들은 농사지을 땅을 잃게 되었지요. 또, 일제는 황실과 관청, 그리고 신고를 안 한 민간인들의 토지를 모두 제 것으로 만들었어요.

토지 조사 사업으로 총독부와 일본인의 소유 토지만 점점 늘었어요. 또한 논에 대한 세금을 올려서 농민들은 이전보다 더 많은 세금을 내야 했지요. 그래서 토지를 잃은 농민들 중에는 살 길을 찾아 만주나 시베리아, 일본 등으로 떠나는 이들이 많았답니다.

평소엔 마냥 낙천적인 길동이지만 아저씨의 말을 듣는 순간 가슴이 답답해서 얼른 그곳을 떠나고 싶었다.

"일제의 토지 정책은 토지 조사 사업"

길동이는 컴컴하고 어두운 터널 속을 빠르게 지나갔다. 빛도 없는 우주를 떠도는 느낌이 이럴까 잠시 상상했다. 몸이 흔들리며 빠른 속도로 어둠과 빛이 휙휙 스쳐갔고, 귀가 먹먹해지고 멀미가 났다.

순간 모든 것이 정지했다. 길동이는 손가락으로 머리를 톡톡 두드리면서 주변을 둘러보았다. 널찍하게 잘 닦여진 길 양편으로 반듯반듯하게 지어진 상점이 늘어서 있었다. 거리는 깨끗하고, 가로등은 환하게 빛나고, 무지개 빛깔의 화려한 네온사인이 번쩍

였다. 축음기를 파는 상점에서는 노래가 흘러나왔다.

"와, 역시 도시는 다르구나. 이 시대에도 도시에 사는 사람들은 잘살았던 모양이야."

흐뭇한 얼굴로 기뻐하던 길동이는 어쩐지 낯설고 어색한 느낌이 들었다. 거리를 천천히 걷다가 드디어 그 이유를 알아차렸다. 간판이 모두 일본어로 씌어져 있었다.

상점에는 곡식이나 짚신, 옷감이 아니라 일본이나 서양의 화려한 물건이 가득 진열되어 있었다. 화장품이나 과자를 파는 곳도 있었고 식당이나 다방도 있었다. 그러고 보니 오가는 사람 중에도 한복 대신 양복에 중절모까지 챙겨입은 멋쟁이 신사들이 자주 눈에 띄었다.

"여긴 일본인들이 주로 오는 곳이구나. 그럼, 우리나라 사람들은 어떻게 살고 있을까?"

일본의 방해로 혹시 우리 상인과 시장은 모두 사라진 건 아닌지 걱정이 앞섰다. 문득 조선 시대관을 체험할 때 보았던 번화한 종로 시전 거리가 떠올랐다.

"그래, 종로에 가 보자."

길동이는 화려하게 밝혀진 일본인 거리를 뒤로 하고 청계천을 건넜다. 개천가에 허름한 움막집이 옹기종기 모여 있었다. 아이 우는 소리가 들렸다. 집이 아니라 널빤지를 아무렇게나 맞추어 가마니를 덮어 놓은 돼지우리 같았다. 그 안에서 한숨 섞인 말소리가 새어 나왔다.

"오늘도 일거리가 없었나요?"

"으응, 오늘도 벌이가 없어서…… 보리쌀 한 봉지라도 사 오려고 했는데……."

"오늘도 굶어야겠군요. 어린 것들이 불쌍해요. 강냉이죽이라도 먹일 수 있으면 좋으련만."

"휴우, 내 땅을 뺏기고 무작정 경성으로 올라온 후론 굶는 날이 더 많으니."

"그런 사람들이 우리뿐인가요? 조선 땅에서 일본인들은 살찌고 조선 사람은 굶어 죽어가니 억울해서 못 견디겠어요."

흐느끼는 소리가 들려왔다. 길동이는 무거운 마음으로 개천을 따라 걷다가 뭔가에 걸려 휘청했다.

"에이, 이건 또 뭐야?"

툭 걷어차는데 '개벽'이라고 쓰인 글씨가 보였다. 너덜너덜한 책을 집어 들어 책장을 넘기자 〈운수 좋은 날〉이란 제목이 보였다.

'난 오늘 엄청 운수 없는 날인데, 운수 좋은 날을 주웠으니 운수 좋은 건가?'

길동이는 희미한 불빛이 비치는 곳에 앉아 책을 읽기 시작했다.

〈운수 좋은 날〉은 근대의 대표적인 소설가 현진건이 1924년에 발표한 단편소설이다. 현진건은 〈빈처〉 〈B사감과 러브레터〉 등 여러 작품을 남겼다.

운수 좋은 날

현진건

눈이 내릴 것 같던 흐린 하늘에서 얼다가 만 비가 추적추적 내렸다. 인력거꾼 노릇을 하는 김첨지에게 오늘은 오랜만에 운수 좋은 날이다. 앞집 마님을 모셔다 드리고 나서 또 손님이 있을까 정류장에서 두리번거리는데, 선생님인 듯 보이는 양복 입은 손님을 동광학교까지 태워다 주게 되었다. 처음에 삼십 전, 둘째 번에 오십 전을 벌었다. 열흘 동안 재수가 없어서 돈 구경 못 하다가 손바닥에 십 전짜리 돈을 쥐니 눈물을 흘릴 만큼 기뻤다. 앓고 있는 아내에게 설렁탕 한 그릇 사다 줄 수 있는 이 돈이 정말 쓸모 있다.

   김첨지의 아내는 기침을 쿨룩쿨룩거린 지 보름이 넘었다. 조밥도 못 먹는 형편이라 약 한 첩도 먹이질 못했다. 의사에게 보인 적 없으니 무슨 병인지 알 수도 없다. 옆으로 눕지도 못할 정도로 증세가 심각하다. 이렇게 병이 심해진 것은 열흘 전에 조밥을 먹고 체했기 때문이다. 그 때도 김첨지가 오랜만에 돈을 벌어서 좁쌀 한 되를 사 왔다. 아내가 급하게 냄비에 좁쌀을 끓이더니 채 익지도 않은 것을 손으로 움켜쥐었다. 그러곤 누가 빼앗아 먹기라도 하듯 입 속으로 밀어 넣었다. 그 날 저녁부터 아내는 가슴이 땡기고 배가 아프다고 소란을 떨었다. 김첨지는 불같이 화를 내며

   "에이. 못 먹어서 병, 먹어서 병, 어쩌란 말이냐!"

   하면서 아내의 뺨을 갈겼다. 아내의 눈은 바루어지면서 이슬이 맺혔다.

   그런데 아픈 아내는 사흘 전부터 설렁탕 국물이 마시고 싶다고 남편을 졸랐다.

   "이런, 설렁탕 먹고 또 아프다고 난리 치려고."

   야단을 쳤지만 김첨지는 못 사 주는 마음이 편하지 않았다. 그런데 이제 설렁탕을 사 줄 수 있다. 아픈 엄마 곁에서 배고파 보채는 세살박이 개똥이에게도 죽을 사 줄 수도 있어서 김첨지의 마음은 흐뭇했다.

   그의 행운은 그걸로 그치지 않았다. 땀과 빗물이 섞여 흐르는 목을 수건으로 닦는데 뒤에서 "인력거!" 하고 부르는 소리가 났다.

   "남대문 정거장까지 얼마요?"

   어린 학생이 묻는 말에 김첨지는 잠깐 주저하였다. 이상하게 꼬리를 물고 덤비는 행운 앞에서 조금 겁이 났다. 집을 나올 때 아내의 부탁도

마음에 걸렸다. 유달리 크고 움푹 들어간 눈에 사정하는 빛을 띠며, 모기 소리 같이 중얼거렸다.

"오늘은 나가지 말아요. 내가 이렇게 아픈데……."

"별 소리를 다하네. 앉아 있으면 누가 먹여 살릴 줄 알아?"

"나가지 말아요. 그러면 일찍 들어와요."

하고 붙잡던 아내의 울 듯한 얼굴이 김첨지 눈앞에 어른어른하였다.

"남대문 정거장까지 얼마난 말이오?"

"일 원 오십 전만 주시오."

자기도 모를 사이에 김첨지 입에서 불쑥 튀어나왔다. 김첨지는 제 입으로 말하고도 그 엄청난 액수에 놀랐다. 돈 벌 용기가 병든 아내에 대한 걱정을 떨치게 했다. 설마 오늘 안에 어떻게 될까 싶었다. 무슨 일이 있더라도 이 행운을 놓칠 수 없었다.

"달라는 대로 줄 테니 빨리 갑시다."

학생을 태운 김첨지 다리는 가뿐하였다. 달린다기보다 거의 나는 듯했다. 얼음 위로 미끄러지는 스케이트 모양으로 인력거 바퀴도 미끄러져 가는 듯했다. 그런데 집 근처를 지날 때는 다리가 무거워졌다. 아내의 말이 잉잉 그의 귀에 울렸다. 아내의 움쑥 들어간 눈이 원망하는 듯이 자기를 노려보는 것 같았다. 엉엉 우는 개똥이의 울음소리도 들리는 것 같다.

"왜 이러고 있어요? 기차 놓치겠구먼."

학생의 초조한 목소리에 정신을 차리고 보니, 김첨지는 인력거를 잡고 길 가운데 멈춰 있는 것이었다.

"예, 예."

김첨지는 또 다시 달음질하였다. 집이 멀어질수록 김첨지의 걸음에는 다시 신이 나기 시작했다. 다리를 빨리 움직여야 자기 머리에 떠오르는 걱정과 근심을 잊을 것 같았다.

어린 손님을 정거장에 내려 주고 돈을 받으니 비를 맞으며 먼 길을 달려 온 생각은 안 하고 거저 얻은 듯이 고마웠다. 부자가 된 듯 기뻤다. 그러나 비를 맞고 돌아갈 생각을 하니 암담했다. 땀이 식자 어슬어슬 한기까지 솟았다. 배고픔까지 달려드니 발길에 힘 하나 없었다. 당장 그 자리에 엎어져 못 일어날 것 같았다.

"왜 이놈의 비는 남의 얼굴을 딱딱 때려!"

괜히 화를 내고 있는데 '오늘은 운수가 괴상하게 좋은 날이니까 또 손님을 태우게 될지 몰라' 하는 생각이 들었다. 그래서 전차 정류장에서 조금 떨어진 길에 인력거를 세워 놓고 기다렸다. 그의 예감은 틀리지 않았다. 전차가 떠난 후 굉장히 큰 가방을 들고 있는 손님 하나가 있었다. 그 손님을 태우고 인력거가 무거워지자 이상하게도 그의 몸은 가벼워졌다. 그런데 손님을 내려 주고 인력거가 가벼워지니 몸은 다시 무거워졌다. 이번에는 마음조차 초조해진다. 집의 광경이 눈앞에 어른거려 갈팡질팡 황급하게 뛰었다. 한 걸음 두 걸음 집이 가까워 올수록 그의 마음엔 두려움이 덮쳐 왔다. 기적에 가까운 돈벌이를 한 기쁨을 좀 더 오래 지니고 싶었다.

설렁탕을 사 가지고 집에 다다랐다. 한 발을 대문에 들여놓았을 때 무시무시한 정적에 다리가 떨렸다. 쿨룩거리는 기침 소리도, 그르릉거리는 숨소리도 들리지 않았다. 무덤 같은 침묵을 깨뜨리는 어린애의 빈 젖 빠는 소리만 빡빡 날 뿐이다. 김첨지는 방문을 왈칵 열었다. 먼지 냄새와 기저귀에서 나는 똥내와 오줌내, 환자의 땀 냄새가 김첨지의 코를 찔렀다. 김첨지는 목청을 있는 대로 다 내어 호통을 쳤다.

"이런, 날마다 누워만 있으면 제일이야? 남편이 와도 일어나지를 못해?"

하며 누운 아내의 다리를 툭 찼다. 발길에 닿는 건 사람의 살이 아니라 나무토막 같은 느낌이었다. 이 때 개똥이가 물던 젖을 빼고 온 얼굴을 찡그려 우는 표정을 지었다. 울다가 지쳐 목이 잠겼고 울 기운조차 없는 것 같았다. 김첨지는 아내의 머리맡으로 달려들어 까치집 같은 아내의 머리를 껴안아 흔들며,

"말을 해, 말을! 입이 붙었어?"

"……"

"으응, 이것 봐, 아무 말이 없네. 죽었단 말이냐, 왜 말이 없어."

"……"

"왜 나를 바라보지 못하고 천장만 보느냐, 응."

하는 말끝에 목이 메었다. 김첨지의 눈에서 떨어진 닭똥 같은 눈물이 죽은 아내의 뻣뻣한 얼굴을 어룽어룽 적시었다. 김첨지는 미칠 듯이 제 얼굴을 죽은 아내의 얼굴에 비벼 대며 중얼거렸다.

"그렇게 먹고 싶다던 설렁탕을 사다 놓았는데 왜 먹지를 못하니? 왜 먹지를 못하니……. 괴상하게도 오늘은 운수가 좋더니만……."

책을 덮은 길동이의 눈에서 눈물이 뚝 떨어졌다. 코끝이 시큰거리고 눈이 뜨거웠다. 움막집에 사는 사람들의 생활을 충분히 짐작할 수 있었다. 우울한 마음으로 터덕터덕 걸어가던 길동이는 군악대 연주 소리가 들려서 처음에는 자신의 귀를 의심했다.

그런데 종로로 다가갈수록 점점 우렁찬 소리가 더 크게 들려 왔다. 반가운 마음에 소리가 나는 곳으로 뛰어갔다. 군악대가 앞서서 악기를 연주하고 그 뒤를 이어 곱게 단장한 여자들이 춤을 추고 노래를 불렀다. 길동이는 금세 우울한 마음을 잊고 신이 나서 헤헤거렸다.

"아주머니, 지금 나라에서 큰 잔치가 열리나요?"

"잔치? 그래, 잔치라면 잔치지. 오늘부터 며칠 동안 밤에 큰 시장이 열린단다."

종로 주변에 사람들이 모여들기 시작했다. 좌판을 깔고 색동저고리와 신발을 파는 사람, 옷감과 건어물을 파는 사람도 있었다. 여러 색깔의 안경을 들고 다니며 "여기 제일 좋고 싼 안경입니다." 하고 외치는 사람도 있었다. 고무신, 바늘, 장난감, 분, 머릿기름, 지팡이와 모자, 석유램프 등 없는 것이 없었다.

발 디딜 틈 없이 붐비는 장터는 시끌벅적했다. 약장수와 점쟁이 앞에도 사람들이 몰려들었다. 사람들의 표정은 밝고 생기가 넘쳤다.

길동이는 우리의 전통이 살아 있는 밤 시장(야시)을 보게 되어서 즐거웠다.

1930년대 들어 조선에도 백화점이 들어섭니다. 사람들은 온갖 물건이 진열된 화려한 백화점을 보고 눈을 떼지 못했어요. 사진 속 백화점은 경성에 있던 조지아 백화점 모습입니다.

　　야시를 구경하던 길동이는 거리에 우뚝 솟은 빌딩을 보았다. 휘황한 불빛 아래 '화신 백화점'이라고 적힌 간판이 떡하니 걸려 있었다.
　　"와! 이 때 벌써 백화점이 있었구나. 한번 들어가 보자."
　　휘황한 불빛 아래 온갖 물건들이 진열되어 있었다. 제과점과 식당, 차를 마시는 곳도 있었다. 물건을 사러 온 사람도 있었지만 백화점을 구경 하러 온 사람들도 많았다. 정신없이 돌아다니던 길동이는 소변이 급해서 후다닥 화장실로 뛰어갔다. 학생 두 명이 눈을 반짝이며 속삭였다.
　　"백화점 정말 좋다. 엄청나게 크고 사람도 무지무지 많다!"
　　"계단은 가만 있어도 저절로 움직이고, 화장실은 또 우리 집 부엌보다 더 깨끗하지 않니? 정말 신기하다."

"이렇게 큰 백화점 사장이 조선 사람이래."

"그래, 박흥식이라고 어마어마한 부자라던데."

길동이는 백화점을 보고 놀라워하는 아이들의 말을 들으며 빙긋 웃었다. 이 애들이 21세기의 백화점을 보면 뭐라고 할까? 화장실에서 나오던 길동이는 1원어치 물건을 사면 소 한 마리를 경품으로 탈 수 있다는 광고를 보았다.

'손님을 끌기 위한 방법은 이 때나 지금이나 똑같군. 자, 구경 잘 했으니 이젠 돌아가 볼까?'

길동이는 자신 있게 외쳤다.

> 박흥식(1903-1988)은 우리나라의 대표적인 기업가이다. 20대의 젊은 나이에 사업에 뛰어들어 자본을 쌓았으며, 특히 유통업에 주목하였다. 그가 설립한 화신 백화점은 민족자본이 세운 최초의 백화점으로 꼽히며, 에스컬레이터 같은 최첨단 시설도 갖추고 있었다. 하지만 박흥식은 일제와 결탁하여 친일 행위를 한 것 때문에, 해방 후 구속되기도 했다.

"우리나라 대표 백화점은 화신 백화점!"

눈물과 웃음을 동시에 경험한 근대관이었다. 시장과 사람들의 모습도 예전 시대에 비해 많이 달라졌고, 현대와 비슷한 점도 많이 볼 수 있었다.

일본이 우리 시장을 잡아먹어요.

조선의 장터는 이제 일본에게 상품을 팔기 위한 장소가 되었어요. 일본인들은 철도역을 중심으로 본격적으로 상업 활동을 시작했고, 육의전과 관영 시장은 모두 사라질 위기에 처했지요. 일본의 '시장규칙'이 발표되면서 우리나라 상인들은 사라지거나 쫓겨 다니게 되었어요. 조선 총독부는 지역마다 조합이나 어용 단체를 조직해서 물건을 사고파는 유통 조직을 장악했어요. 결국 이곳 저곳을 떠돌던 보부상도 쇠퇴하게 되었지요.

일본은 한국 경제를 완전히 독점했어요. 서울의 명동과 충무로 일대에는 일본 상가가 들어서서 고급 공산품과 서양상품으로 손님을 끌었어요. 화려한 불빛의 진고개 일본 상가를 보며 사람들은 넋이 나갔어요.

반면 북촌 종로 거리에 있는 조선의 상가 모습은 일본 상가와 대조적이었어요. 사람 한 명 없이 썰렁한 날도 많았지요. 그러나 조선 상인들은 근대 상업기술을 배워서 다시 일어설 준비를 했답니다.

성공하는 조선인도 있었지만, 대부분의 조선인은 일본에게 땅을 빼앗기고 굶주림에 시달리며 힘겹게 살았어요. 일자리를 찾아 도시로 온 농민들은 다리 밑이나 산 언덕의 빈민가에서 하루하루 어렵게 살아갔어요.

제6관 앞에 서 있는 아이들은 다섯 명뿐이었다. 길동이는 엄마의 잔소리 때문에 책을 많이 읽었는데 그 덕에 마지막 관문까지 올 수 있었단 생각이 들었다.

아이들이 문 앞에 서자 자동문이 스르르 열렸다. 안에는 아주 큰 컴퓨터 화면이 있었다. 그 앞에 검은 가죽 의자가 있고, 의자 등받이에 회색빛 사각 안경이 걸려 있었다.

"제6관 현대관까지 온 친구들 축하합니다. 현대관은 가상 체험실과 인터넷 시장으로 나누어져 있습니다. 먼저 가상 체험실에서는 '우리는 기계가 아니다!' 라고 외친 사람을 찾아내세요. 암호를 맞추시면 마지막 장소인 인터넷 시장으로 가게 됩니다. 행운을 빕니다."

길동이는 단서가 참 이상하다고 생각했다. 로봇 이야기일까? 어떻든 이번 마지막 모험까지 마치고 우승자가 될 상상을 하니 웃음이 절로 나왔다. 길동이는 크게 숨을 내쉬고 나서, 회색 사각 안경을 썼다.

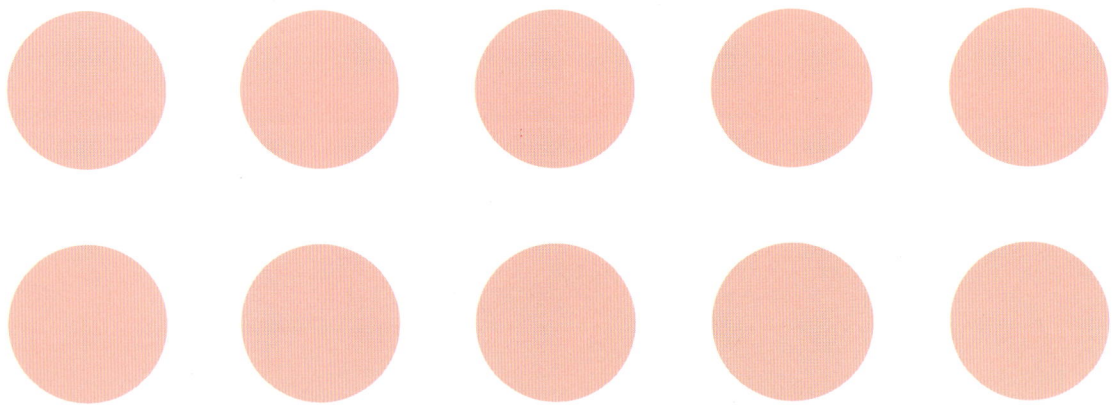

길동이는 또래 아이들 몇 명과 마을 공터에서 구슬치기를 하고 있었다. 기남이가 자꾸 버스 정류장을 쳐다보았다.

"우리 미순이 누나가 오늘 장난감이랑 옷이랑 많이 사 가지고 올 거야."

구슬을 톡 튕기던 순돌이가 부러운 듯 말했다.

"기남이 넌 좋겠다."

그 때 털털거리는 버스가 먼지를 일으키며 멈추었다. 아이들의 눈이 모두 그곳을 향했다.

"누나!"

기남이가 팔을 벌리고 달려가자 아이들도 모두 따라 뛰었다. 미순이 누나는 양손 가득 선물 보따리를 들고 환하게 웃었다.

"너희들 많이 컸구나. 이따가 우리 집에 놀러 와."

저녁을 먹고 난 길동이는 말숙이 누나, 순돌이, 순옥이 누나와 함께 기남이네 집으로 갔다. 기남이는 벌써 새 옷을 입고 잔뜩 폼을 잡고 있었다.

"순옥아, 말숙아, 어서 와."

서로 친구 사이인 누나들은 손을 잡고 반갑게 웃었다. 모두들 방에 둥그렇게 앉았다. 부끄럼이 많은 순옥이 언니가 기어 들어가는 목소리로 물었다.

"혹시 나도 네가 다니는 공장에 취직할 수 있을까?"

"물론이야. 우리 공장장님이 이번에 친구들 데려오라고 하셨어. 나라에서 경제 개발 계획을 세우고 외국 돈을 빌려 와서 공장을 많이 지었대. 수출을 많이 하려고. 그래서 서울에는 일자리가 많아."

길동이는 누나들 이야기를 들으면서 중, 고등 학생 정도밖에 안 되는 어린 누나들이 공장에서 무슨 일을 할까 궁금했다. 호기심이 많은 말숙이 누나는 꼬치꼬치 물었다.

"네가 하는 일은 어떤 일이야?"

"구로동 공업단지에는 전자, 섬유 공장들이 엄청나게 많아. 우리 공장에서는 수출용 오디오를 만드는데 내가 맡은 부분에 부속을 끼우기만 하면 된단다."

"너무 힘들진 않니?"

"일을 늦게까지 하니까 힘들어. 그렇지만 내가 열심히 일하면 돈을 모아서 부모님께 보내 드리고 동생 공부도 시킬 수 있잖아."

"야, 서울이 좋긴 좋은가 보다. 미순이 네 얼굴이 하얘졌다."

미순이 누나 얼굴은 분을 바른 것처럼 하얗게 보였다.

"햇빛을 볼 일이 없어서 그럴 거야. 우리 공장도 수출 날짜 맞추느라고 밤늦게까지 일하거든."

길동이는 미순이 누나의 하얀 얼굴이 아픈 사람처럼 보였다. 미순이 누나는 피곤한 듯 손가락으로 눈을 꾹꾹 누르더니 말했다.

"청계천에 옷 만드는 공장이 많이 있는데, 얼마 전 그곳에서 끔찍한 일이 있었어."

모두 눈을 동그랗게 뜨고 침을 꼴깍 삼키면서 미순이 누나를 뚫어져라 보았다.

"전태일이란 청년이 자기 몸에 휘발유를 뿌리고 불을 붙였어."

"아니, 왜?"

"좁고 먼지투성이인 작업장에서 하루 열여섯, 열여덟 시간 일하다 보니 병에 걸리는 사람도 많고 받는 돈도 너무 적거든. 그래서 '우리는 기계가 아니다!' 라면서 인간답게 살고 싶다고 외쳤어."

길동이는 뜨거운 냄비에 손을 조금 데어도 아팠는데 온몸에 불이 붙었다고 생각하니 끔찍했다. 그래서 뜨거운 듯 얼른 외쳤다.

"전태일!"

사람들은 노동자를 위해 자신의 몸을 희생한 전태일의 뜻을 기리고자 청계천과 종로5가 사이에 '전태일 거리'를 만들었어요. 작은 공장들이 밀집해 있던 이곳에서 전태일은 몸을 살랐지요.

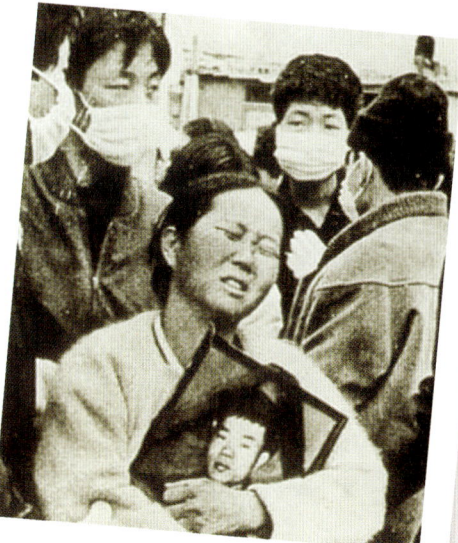

전태일의 장례식장에서 아들의 영정을 끌어안고 울부짖는 어머니의 모습.

 시장이 다양해졌어요.

 현대의 시장은 다양한 물건을 자유롭게 판매하는 공간이다.

온갖 종류의 옷과 신발, 신선한 채소와 싱싱한 생선, 가구와 전자 제품까지 없는 게 없는 곳이 바로 시장이지요. 시장하면 물건을 사고파는 마트나 재래 시장을 떠올리지만, 시장이란 말에는 훨씬 넓은 의미가 숨겨져 있어요.

 물건이나 서비스를 사고파는 사람들이 모이는 곳을 통틀어 시장이라고 한다.

예를 들어, 회사의 주식을 사고파는 곳은 주식 시장, 직장을 원하는 사람과 직원을 구하는 기업이 만나는 곳은 인력 시장이라고 부르죠. 그래서 시장의 종류도 주식 시장, 외환 시장, 노동 시장, 벼룩 시장 등 모습과 형태에 따라 무척 다양합니다.

 최근엔 인터넷 문화가 발달하면서 여러 장소에서 다양한 쇼핑을 할 수 있게 됐다.

 교통통신이 발달하면서 세계가 하나의 시장이 되었다. 그래서 각 나라의 물품을 언제 어디서나 쉽고 빠르게 구입할 수 있게 되었다.

요즘엔 텔레비전이나 인터넷을 통해 물건을 사고 파는 경우가 많아요. TV나 컴퓨터 안에 시장이 있는 셈이지요.

길동이는 이제 가상 체험을 모두 마쳤다. 지나온 체험관들이 빠른 화면으로 길동이 머릿속을 스쳐 갔다. 시대에 따라 사람들의 사는 모습이 달라지고 시장의 모습들도 변하는 것을 볼 수 있었다. 우리나라 경제가 지금처럼 발달하기까지는 길동이가 알지 못했던 많은 사람들의 노력과 희생과 고통이 있었다는 사실도 깨달았다.

"축하합니다. 세 명의 어린이가 마지막 전시관의 체험을 마치고 상품을 받게 되었습니다. 진심으로 축하합니다. 인터넷 시장으로 이동하십시오."

길동이는 마지막 승자가 된 다른 친구들을 보았다. 발그레하게 얼굴이 상기된 여자아이와 당당한 남자아이였다.

"축하해. 난 길동이라고 해."

"나도 축하한다. 난 성룡이야."

세 명의 아이들은 '인터넷 시장'이라고 적힌 방으로 안내되었다. 유리로 된 칸막이로 자리가 나뉘어져 있고, 방 안에는 카메라가 부착된 얇은 LCD 모니터가 있었다. 모니터 앞에 고정되어 있는 은색의 둥근 스피커에서 안내 방송이 나왔다.

"카메라를 이용해 자신의 얼굴을 찍은 후 이름을 입력하세요."

모니터 위에 있는 카메라를 보았더니 길동이의 얼굴이 모니터에 나오고 '확인' 표시가 떴다. 손가락으로 톡 눌렀더니 띠리링 소리가 나고 네모 칸에 커서가 깜박거렸다. '홍길동'이라고 썼더니 모니터 화면에서 길동이에게 봉투가 날아왔다. 때맞춰 방송이 나왔다.

"축하 드립니다. 홍길동 님은 마지막 단계까지 가상 체험을 잘 통과하셨습니다. 그래서 사이버쿠폰을 드립니다. 인터넷으로 원하는 물건을 선택하시기 바랍니다."

길동이는 무척 기뻤다. 보람 있고 신나는 가상 체험 모험을 즐기고 상품까지 받으니, 이럴 때 쓰는 말이 '일석이조'일 것이다.

'이 쿠폰으로 무얼 살까? 게임 시디도 사고 싶고 게임 쿠폰도 사고 싶지만······.'

사고 싶은 것은 많지만 쿠폰은 한 가지 물건만 살 수 있었다. 길동이는 갈등 끝에 마음을 정하고 인터넷 시장을 여기저기 돌아다니면서 필요한 물건을 찾아 가격을 비교했

현대의 여러 가지 화폐

물건이나 서비스를 서로 교환하려면 그 가치를 정하고 기준이 되는 수단이 필요하지요. 흔히 돈이라 부르는 화폐가 바로 그 수단입니다. 돈은 가치를 판단하는 기준이며 가치를 보관하는 수단이기도 하지요.

예전에는 금, 은, 동을 재료로 한 화폐가 주로 쓰였습니다. 하지만 현대에는 동전과 지폐 외에도 수표, 어음, 주식, 카드 등 다양한 종류가 있습니다. 그렇다면 지금 우리가 사용하는 화폐들은 언제 만들어진 것일까요?

1966년에 처음으로 1원, 5원, 10원이 표시된 동전을 우리의 기술로 만들었어요. 1970년대에는 화폐 수요가 증가하면서 5천 원, 1만 원짜리 지폐와 100원짜리 동전을 발행했어요. 1972년에는 처음으로 5천 원 지폐에 율곡 이이의 초상을 숨겨진 그림으로 넣었고 위조를 방지하기 위해 금속선을 넣었어요. 1만 원짜리 지폐는 원래 석굴암과 불국사를 넣기로 했다가 특정 종교를 나타낸다는 비판에 따라 세종대왕 초상과 경복궁 도안으로 바꾸어 넣었지요.

1980년대 들어와서 어음과 수표 사용이 늘어났고, 신용카드도 쓰이기 시작했어요. 덕분에 현금 화폐를 쓰는 일이 줄었어요. 경제 규모가 커지고 물가가 오르면서 단위가 큰 화폐를 많이 쓰고 작은 단위의 화폐 사용은 줄어들었어요. 그래서 최근에는 10만 원짜리 고액 화폐를 발행해야 한다는 목소리가 커지고 있지요.

자기앞수표는 은행이나 기업에서 발행하며, 종이에 일정한 금액을 적어서 사용하는 화폐이다.

정해진 날짜에 정해진 금액을 지불하겠다는 약속을 적은 종이가 어음이다. 어음은 기업들의 상거래에 많이 쓰인다.

플라스틱으로 된 신용카드는 원하는 것을 먼저 사고 정해진 날짜에 값을 지불하는 방식이다.

인터넷에서 현금, 카드처럼 사용할 수 있는 사이버머니는 물건을 구입했을 때 일정 액을 적립해 주기도 한다.

요즘 많이 쓰는 신용카드는 물건을 사고 나중에 돈을 지불하는 형식이기 때문에, 계획성 없이 썼다가는 큰 후회를 하기 쉽습니다. 지금 당장 돈이 없어도 물건을 살 수 있기 때문에 카드로 마구 소비한 다음 빈털털이가 되는 사람들도 많아요.

이처럼 최근엔 컴퓨터와 정보통신이 발달하면서 신용카드, 전자 은행 등이 많이 이용되고 있어요. 그래서 머지않아 전자 화폐가 나오고 '현금 없는 사회(Cashless Society)'가 될 거라는 예상도 있어요. 그러나 전자 화폐가 제 역할을 하기 위해서는 국민들의 확고한 신뢰가 있어야 해요. 전자 화폐는 위조와 도용(盜用)이 쉽고, 돈 세탁 등 범죄에 이용될 가능성도 높거든요.

또한 인간은 원래 손에 잡히고 눈으로 확인할 수 있는 것을 선호하는 경향이 있기 때문에, 보이지 않는 전자 화폐보다 손으로 만질 수 있는 현금 화폐에 더 매력을 느낄 거라는 의견도 많아요. 하지만 형식과 모양이 어쨌든, 가장 중요한 것은 돈을 만들고 쓰는 사람들과의 관계를 더 귀중히 여기는 마음 자세겠지요.

정보통신의 발달로 전자 화폐를 사용할 인구가 많아질 거라는 목소리도 높지만 아직은 해결할 문제들이 많아요. 특히 전자 화폐는 위조가 쉬워서 범죄에 이용될 위험성이 높거든요. 또한 개인 정보가 다 모여 있기 때문에 프라이버시를 침해 당할 우려도 높습니다. 따라서 전자 화폐가 화폐로 제대로 역할을 하려면, 경제에 대한 건강한 국민 의식이 있어야 합니다.

다. 마음에 드는 물건을 장바구니에 담은 후, 결제하기를 눌렀다. 길동이는 집 주소를 쓰고 사이버쿠폰에 적힌 번호를 입력했다. '결제 완료'라는 작은 창이 떴다.

"쇼핑에 성공하셨습니다. 가상 역사 체험관 관람이 모두 끝났습니다. 안녕히 가십시오."

길동이는 체험관을 나왔다. 오랫동안 아주 긴 여행을 한 기분이었다. 길동이는 자신이 뭔가 달라진 것 같고 생각의 키가 훌쩍 큰 느낌이 들었다.

일주일 후 택배 아저씨가 길동이 집에 오셨다.
"홍길동 씨 어머니 되시나요?"
"네. 그런데 저는 물건 주문한 적 없는데요."
"이 물건 받으시고 여기 사인해 주세요. 안녕히 계세요."

어리둥절한 길동이 엄마는 무슨 일인지 몰라 상자를 이리저리 흔들었다. 상자를 뜯어보니 MP3와 함께 작은 카드가 나왔다. 카드를 본 엄마의 얼굴이 환하게 빛났다.

<길동이의 시장 체험 학습 보고서>

▶ 주제 1 : 시장의 발달 과정
1. 시장의 역사 : 옛날에는 자기가 필요한 물건은 자기가 만들어서 사용했다. 그러다가 다른 사람과 물건을 바꾸어 쓰는 물물 교환이 이루어지게 되었다. 일정한 날짜와 장소를 정해서 물물 교환을 하면서 시장이 생겼다.
2. 시장의 역할 : 시장은 물건을 사고파는 곳이다. 이곳에서 물건의 적당한 가격이 정해지며, 물건에 대한 수요량과 공급량이 결정된다.
  옛날의 시장은 사람들이 서로 물건과 소식을 주고받는 장소였다. 물건을 만드는 기술이 발달하고 인구가 늘어나면서 시장은 더욱 발달하였다. 또 교환의 수단으로 화폐를 사용하게 되었다. 현대의 시장은 더욱 다양하고 복잡해졌다. 백화점이나 마트에서는 휴게 시설과 문화센터 같은 시설도 갖춰 다양하게 이용할 수 있다.

▶ 주제 2 : 시장의 종류
1. 열리는 시기에 따라
- 상설 시장 : 매일 열리는 시장.
- 정기 시장(5일장) : 매월 일정한 날짜에만 열리는 시장. 서울의 남대문 시장과 동대문 시장 등은 정기 시장이 상설 시장으로 변한 경우다.

2. 거래하는 방식에 따라
- 도매 시장 : 도매 상인이 생산자에게서 물건을 모개로(한데 모아) 사서 소매 상인에게 파는 시장.
- 소매 시장 : 상인이 일반 소비자들에게 낱개로 물건을 판매하는 시장.

3. 판매하는 물건에 따라
- 수산물 시장 : 바다나 강에서 잡은 어패류와 김, 미역 등의 해조를 파는 시장.
- 농산물 시장 : 쌀, 보리, 콩 같은 곡식과 각종 채소, 과일 따위를 판매하는 시장.
- 약재 시장 : 여러 가지 약재와 약으로 쓰이는 열매 따위를 파는 시장. 이 외에도 엄청 많다.

4. 새로 생겨난 시장
- 대형할인점 : 다양한 상품을 한꺼번에 살 수 있다.
- 홈쇼핑 : TV나 책자를 통해 상품을 보고 원하는 물건을 주문하므로 편리하고 시간을 절약할 수 있다.
- 인터넷 시장 : 소비자가 상점을 직접 찾지 않고 인터넷으로 물건을 살 수 있어 가상 쇼핑이라고도 부른다.

▶ 시장과 관련된 재미있는 속담
- 가는 날이 장날 ➡ 우연히 갔다가 뜻밖의 일을 당한 경우.
- 남이 장에 간다고 하니 거름 지고 나선다. ➡ 자기 주관이 없이 남이 하는 대로 따라 한다.
- 늦은 밥 먹고 파장 간다. ➡ 준비하다 때를 놓쳐 뜻을 이루지 못함.
- 말 죽은 데 체 장수 모이듯 ➡ 남의 불행은 아랑곳하지 않고 제 욕심만 채우려는 사람이 모이는 것을 빗댄 말.
- 망건 쓰자 파장 된다. ➡ 준비하다가 때를 놓쳐 뜻을 이루지 못함.
- 밀가루 장사하면 바람이 불고 소금장사하면 비가 온다. ➡ 운수가 나쁨.
- 한 푼 장사에 두 푼, 밑져도 팔아야 장사 ➡ 그 날 장사는 손해 보더라도 일단 팔아야 한다는 뜻.

사진 자료 제공
20 화천, 중국동전_ 국립중앙박물관
32 장보고 영정_ 이종상 국립현대미술관
32 장도 청해진 유적_ 완도군청
45 신안선 상상복원도_ 국립해양유물전시관, 사진 출처는 한국생활사박물관(사계절출판사)
51 소은병_ 화폐박물관
52 해동통보_ 국립중앙박물관
52 건원중보, 동국통보, 삼한중보 • 60 송파산대놀이_ 민속박물관
58 옛 시장 • 64 보부상 • 92 조지아 백화점_ 부산박물관